Lutz Füllgraf · **Der Lizenzfußball**

AF889547

Schriften zum Sozial- und Arbeitsrecht

Band 57

Der Lizenzfußball

Eine vertragliche Dreierbeziehung im Arbeitsrecht

Von

Dr. Lutz Füllgraf

DUNCKER & HUMBLOT / BERLIN

Alle Rechte vorbehalten
© 1981 Duncker & Humblot, Berlin 41
Gedruckt 1981 bei Buchdruckerei Bruno Luck, Berlin 65
Printed in Germany
ISBN 3 428 04918 7

Vorwort

Der vorliegende Text ist eine überarbeitete Fassung meiner Dissertation, die im September 1980 der juristischen Fakultät der Universität Kiel vorgelegt und im Februar 1981 durch die Gutachter Prof. Dr. W. Thiele und Prof. Dr. J. Sonnenschein angenommen wurde.

Mein Dank gilt an dieser Stelle besonders meinen Eltern, die mir meine Ausbildung ermöglichten. Ferner will ich nicht versäumen, mich bei der Frankfurter Fazit-Stiftung für das mir unbürokratisch zur Verfügung gestellte Stipendium zu bedanken. Herrn Hansen, Mitglied des DFB-Vorstandes, Herrn Eilers, DFB-Justitiar, Herrn Dr. Klein, Präsident des Hamburger SV und Herrn Dr. Böhmert, Präsident des SV Werder Bremen gilt mein Dank für viele Anregungen. Schließlich danke ich Herrn Prof. Dr. Broermann für die Aufnahme dieser Arbeit in die Schriften zum Sozial- und Arbeitsrecht.

Lutz Füllgraf

Inhaltsverzeichnis

I. Einleitung ... 13

1. Die Entwicklung des Berufsfußballs in Deutschland ... 13
2. Überblick über die Struktur des Lizenzfußballs ... 14
3. Gründe für die im Berufsfußball gewählte Konstruktion ... 15
4. Gegenstand der Untersuchung ... 16

II. Rechtsnatur des Verhältnisses Spieler / Verein ... 18

III. Rechtsnatur des Verhältnisses Spieler / DFB ... 20

1. Vereinsrechtliche Beurteilung ... 20
2. Der Lizenzvertrag als arbeitsrechtlicher Vertrag ... 21
   a) Der Lizenzvertrag als arbeitsrechtlicher Kontrollvertrag? 22
   b) Der DFB als Arbeitgeber der Lizenzspieler ... 23
      aa) Objektive Einordnung des Lizenzvertrages als Arbeitsvertrag ... 24
         (1) Wirtschaftliche Abhängigkeit ... 25
         (2) Persönliche Abhängigkeit ... 25
            (a) Einwirkungsmöglichkeit des DFB auf den Arbeitseinsatz der Spieler ... 26
            (b) Die Weisungsbefugnis des DFB hinsichtlich der Art und Weise der Arbeitsleistung durch die Spieler ... 27
      bb) Beachtung des Parteiwillens bei der Frage der Rechtsnatur von Dienstverhältnissen ... 28
3. Gesamtbetrachtung der Beziehung DFB / Verein / Spieler ... 29
   a) Mittelbares Arbeitsverhältnis ... 29
   b) Lizenzvertrag zwischen Verein und DFB als Vertrag mit Schutzwirkung zugunsten Dritter ... 30

c) Einheitliches Arbeitsverhältnis des Spielers durch die Verträge mit DFB und Verein 31

aa) Die grundsätzliche Zulässigkeit der Dreiecksbeziehung im Lizenzfußball 32

bb) Einheitliche Rechtsverhältnisse im Zivilrecht 34

(1) Der finanzierte Abzahlungskauf — das B-Geschäft 35

(2) Die finanzierte Ehemäkelei 37

(3) Die Umgehung des AGBG 38

cc) Vergleich mit der Dreiecksbeziehung im Lizenzfußball 38

(1) Zwei getrennte Verträge 39

(2) Die Struktur des DFB im Bereich des Lizenzfußballs 40

(3) Indizien für das Vorliegen eines einheitlichen Arbeitsverhältnisses im Lizenzfußball 42

(a) Gegenseitige Bezugnahme in Spielerlizenz- und Spielervertrag 43

(b) Die Bedeutung des einheitlichen Formulars 44

(c) Der Lizenzvertrag zwischen DFB und Verein als Rahmenvertrag 44

(d) Einheitliches Geschäft durch die Abschlüsse von Spielerlizenz- und Spielervertrag 45

d) Folgerungen für die Anwendbarkeit des Arbeitsrechts gegenüber dem DFB 48

IV. Der Lizenzentzug des Spielers 49

1. Wirkungen des Lizenzentzuges 49

2. Rechtsgrundlagen für den Lizenzentzug 50

3. Rechtsnatur des Lizenzentzuges 50

a) Rechtsnatur der DFB-Sanktionen im allgemeinen 50

b) Besonderheiten des Lizenzentzuges 52

c) Der Spielerlizenzentzug als auflösende Bedingung 52

aa) Zur generellen Zulässigkeit des auflösend bedingten Arbeitsvertrages 52

bb) Die Wirksamkeit des § 7 lit. b) des Spielervertrages .. 54

d) Der Lizenzentzug als Kündigung des Arbeitsvertrages ... 55

aa) Der Schutz des Arbeitgebers vor der Kündigungsbefugnis eines Dritten 56

bb) Der Schutz des Arbeitnehmers 59

(1) Das allgemeine Übertragungsverbot für Gestaltungsrechte 60

(2) Die Anwendbarkeit des Kündigungsschutzrechts gegenüber dem DFB 60

4. Verpflichteter des Lohnfortzahlungsanspruchs 62

5. Arbeitnehmerschutz vor Ausspruch des Lizenzentzuges — Der DFB als Tendenzbetrieb 63

6. Lizenzentzug als Verstoß gegen Art. 12 GG 67

a) Die Anwendbarkeit des Art. 12 GG im Privatrechtsverkehr 67

b) Die Einschränkbarkeit des Art. 12 GG im Privatrechtsverkehr 68

V. Die Entziehung der Vereinslizenz 70

1. Die Rechtsnatur des § 7 lit. a) des Spielervertrages 70

2. Die Rechtmäßigkeit des § 7 lit. a) des Spielervertrages 71

VI. Die Sperre des Spielers 72

1. Wirkungen der Sperre 72

2. Rechtsnatur der Sperre 73

3. Die Rechtmäßigkeit zeitiger Sperren 74

VII. Der Spielertransfer 76

1. Die Transferliste 77

a) Die Eintragung in die Transferliste als Formerfordernis .. 77

b) Aufgabe der Transferliste nach den DFB-Regeln 79

aa) Der Wechselzeitraum 79

bb) Die Vermittlungsfunktion der Transferliste 81

2. Die Freigabe durch den alten Verein 82

a) Die Bedeutung der Transferentschädigungen 83

b) Argumente für die Transferentschädigungen 84

c) Stellungnahme zu den vorgebrachten Argumenten 85

aa) Die Transferentschädigung als Ausbildungsvergütung 86

bb) Der Schutz vor dem „Ausverkauf des deutschen Fußballs" 87

cc) Andere Argumente für die Transferentschädigungen 89

d) Die Transferregelung als Konkurrenzverbot 90

e) Ergebnis für das Freigabeerfordernis 91

VIII. Die Verwirklichung des kollektiven Arbeitnehmerschutzes 93

1. Die Tariffähigkeit des DFB 93

2. Die Anwendbarkeit des Betriebsverfassungsgesetzes 95

IX. Anlage: Vertragsmuster Spieler / Verein 97

Literaturverzeichnis 101

Abkürzungsverzeichnis

DFB	=	Deutscher Fußball-Bund
FIFA	=	Féderation Internationale de Football Association (Fußballweltorganisation)
LSt.	=	Lizenzspielerstatut des DFB
RuVO	=	Rechts- und Verfahrensordnung des DFB
Satzung	=	Satzung des DFB
Spielerlizenzvertrag	=	Lizenzvertrag zwischen Spieler und DFB
Spielervertrag	=	Arbeitsvertrag zwischen Spieler und Verein
SpO	=	Spielordnung des DFB
Vereinslizenzvertrag	=	Lizenzvertrag zwischen Verein und DFB

Alle anderen Abkürzungen entsprechen der allgemeinen juristischen Lesart.

I. Einleitung

Die genaue Formulierung des Themas der Untersuchung ergab sich erst bei der Bearbeitung der einzelnen aktuellen Probleme im deutschen Berufsfußballsport unter vor allem arbeitsrechtlichen Gesichtspunkten. Immer wieder nämlich stößt man bei dem Versuch, bestimmte Erscheinungsformen im Lizenzfußball mit dem bekannten Vokabular und Instrumentarium zu erfassen, auf die Schwierigkeit, sich hier einer vertraglichen Dreiecksbeziehung gegenüberzusehen, von der nur ein Teil unzweifelhaft als Arbeitsverhältnis angesehen werden kann. Dieses liegt an der rechtlichen Gestaltung im bundesdeutschen Berufsfußball. Zum besseren Verständnis soll daher kurz ein geschichtlicher Überblick über die Entwicklung des Berufsfußballs in unserem Land sowie seine derzeitige Struktur gegeben werden.

1. Die Entwicklung des Berufsfußballs in Deutschland

Der Fußballsport in seiner im wesentlichen noch heute praktizierten Form kam von England aus auf den europäischen Kontinent und somit auch nach Deutschland. 1874 wurde er von Professor Koch an den höheren Schulen Braunschweigs eingeführt[1]. Vier Jahre später wurde in Hannover bereits der erste deutsche Fußballverein gegründet. In der Folgezeit wurde Fußball in Vereinen vor allem in den Großstädten gespielt; am 29. 9. 1887 wurde z. B. der SC Germania Hamburg, der heutige Hamburger Sport-Verein, gegründet. Im Jahre 1900 gelang es nach mehreren vergeblichen Versuchen, mit dem Deutschen Fußball-Bund eine funktionsfähige Dachorganisation zu schaffen.

Obwohl bereits 1903 der erste deutsche Fußballmeister (VfB Leipzig) ermittelt wurde, dauerte es lange, bis hierzulande die Professionalisierung in diesen Sport Einzug hielt. Während in England schon 1885 besondere Klassen für Berufsspieler eingeführt wurden[2], 1926 Ungarn, 1928 die Tschechoslowakei und Österreich und 1933 Italien und Frankreich diesem Beispiel folgten, gab es in Deutschland bis 1948 offiziell nur den Amateursport in dieser Disziplin. Allerdings wurden auch zwischen den Kriegen bereits Eintrittsgelder von Zuschauern bei Spielen

---

[1] Aus *Petermann* und dem *Sport-Brockhaus* wurden bei den entsprechenden Schlagworten die Daten entnommen.

[2] *Graf* S. 4.

der ersten Vereinsmannschschaften erhoben, doch flossen diese zunächst in die Vereinskassen. Unter dem Tisch allerdings erhielten Fußballspieler der guten Vereine auch damals bereits Vergütungen, doch hielt sich dies alles in allem, am heutigen Standard gemessen, in bescheidenem Rahmen[3].

Ab 1. 8. 1948 aber galt in dem damaligen Spielsystem der fünf Oberligen zunächst für Süddeutschland ein Vertragsspielerstatut. Gem. § 5 Abs. III des dann 1949 auf DFB-Ebene eingeführten Statuts durfte ein Spieler maximal DM 320[4], später DM 400[5] als „Ausgleich für die besondere sportliche Inanspuchnahme“ — § 1 des Statuts — von den Vereinen erhalten.

Eine weitere Entwicklungsstufe war 1963 die Einführung der Bundesliga als einer Klasse der Lizenzspieler und -vereine. Nachdem auch die Regionalligen zugunsten einer zweigeteilten sogenannten Zweiten Liga aufgelöst wurden, gab es endlich eine eindeutige Trennung von lizenzierten Berufssspielern und Amateuren (vorher gab es als Mittelding noch die Vertragsspieler)[6]. Obwohl natürlich auch das Lizenzspielerstatut — zuerst Bundesligastatut — nicht unverändert fortbestand, sind doch die wesentlichen Punkte nicht mehr geändert worden. Heute können Spielergehälter und Prämien frei ausgehandelt werden.

2. Überblick über die Struktur des Lizenzfußballs

Obwohl im folgenden erst an den entsprechenden Stellen im Text zum besseren Verständnis auf die Regelungen in den Verträgen und DFB-Bestimmungen im einzelnen eingegangen wird, soll vorab doch ein grober Überblick über die privatrechtlich gestaltete Situation im bundesdeutschen Berufsfußball gegeben werden.

Der DFB hat gem. § 1 Abs. II LSt. die Bundesliga als Vereinseinrichtung geschaffen[7]. Nach der Vorstellung des DFB stellt er diese Vereinseinrichtung den Lizenzspielern und -vereinen für die Austragung ihrer Wettbewerbe zur Verfügung. Die Erlaubnis, die Vereinseinrichtung zu benutzen, erhalten Vereine wie Spieler durch den sogenannten Lizenzvertrag. Darin verpflichten sich die Vereine, die gem. § 2 des Vertrages die außerordentliche Mitgliedschaft im DFB i. S. d. § 7 Nr. 4 der Satzung erwerben, zur Einhaltung der vom DFB erlassenen Regeln; insbeson-

---

[3] Vgl. auch die Darstellungen von *Knauth* S. 15 ff.; *Graf* S. 2 ff.

[4] Der Spiegel Nr. 35/1963 S. 38.

[5] *Bücker-Flürenbrock* S. 4.

[6] Vgl. *Baumann* S. 16 f.

[7] Im folgenden wird hauptsächlich der Bundesligafußball behandelt, doch ist die Regelung der Zweiten Ligen in Regie der Regionalverbände kaum unterschiedlich.

dere sind hier das Lizenzspielerstatut und die Rechts- und Verfahrensordnung von Bedeutung. Der Verein verpflichtet sich trotz seiner mitgliedschaftlichen Zugehörigkeit zum DFB gem. § 5 lit. b) und c) des Lizenzvertrages auch, Verstößen gegen die DFB-Regelungen durch seine Mitglieder, Angestellten und Dritte entgegenzuwirken.

Die Spieler sind nicht Mitglied im DFB. Sie sind seiner Vereinsgewalt auch nicht durch Vermittlungsbestimmungen der Regional- und Landesverbände — § 6 Abs. II der Satzung — unterworfen, da sie nicht Mitglieder in den diesen angeschlossen Bundesligavereinen sind. Die Spieler sind an die DFB-Regelungen und -Entscheide jedoch gem. §§ 2 und 3 des von ihnen mit dem DFB geschlossenen Lizenzvertrages gebunden.

Das Verhältnis der Spieler zum Verein wird durch den Spielervertrag bestimmt. Es handelt sich dabei um eine rein partnerschaftliche oder Außenbeziehung zwischen der juristischen und der natürlichen Person. In diesem Vertrag kann kein Vereinsbeitritt gesehen werden. Dies stellt § 10 LSt. klar, dessen Geltung der Spieler gem. § 1 des Spielervertrages auch gegenüber dem Verein anerkannt hat. Danach sind Lizenzspieler Arbeitnehmer eines vom DFB lizenzierten Vereins. „Die Mitgliedschaft in diesem Verein ist für die Dauer des Vertrages ausgeschlossen."

Maßgeblich für die hier zu untersuchende Problematik und zugleich ihre Besonderheit ist somit die vertragliche Dreiecksbeziehung DFB / Verein / Spieler. Jeder Beteiligte hat mit jedem anderen einen Vertrag geschlossen.

3. Gründe für die im Berufsfußball gewählte Konstruktion

Für die derartige Gestaltung der Rechtsverhältnisse im deutschen Berufsfußballsport werden immer wieder zwei Gründe angegeben[8].

Zunächst wird auf die traditionelle Entwicklung hingewiesen. Danach sollten die Spieler immer möglichst eng an die DFB- und die allgemeinen Fußballregeln gebunden werden, um vor allem eine Einheitlichkeit im gesamten deutschen Fußballsport bei Amateuren wie bei Profis sicherzustellen. Neben dieses rein sportlich zu wertende Argument tritt sicherlich auch, daß der DFB sich durch vertragliche Unterwerfung der Vereine und Berufsspieler unter seine Statuten auch und gerade diesen als seinen publikumswirksamsten Vertretern gegenüber gewisse Einflußmöglichkeiten schaffen wollte.

Dieses Ziel aber wäre am einfachsten durch die Mitgliedschaft der Spieler in ihren Vereinen und entsprechenden Vermittlungsbestimmun-

[8] So von meinen Gesprächspartnern aus dem Bereich des DFB, Herrn Hansen, Mitglied des DFB-Vorstandes, Herrn Sievers, Mitglied des DFB-Kontrollausschusses, und Herrn Eilers, DFB-Justitiar.

gen in den Regional- und Landesverbänden sowie den einzelnen Vereinen zu erreichen gewesen[9]. Im Bereich des Berufsfußballs konnte nach 1963 mit der Freigabe der Gehälter aber diese bis dahin praktizierte Lösung aus steuerrechtlichen Gründen nicht aufrechterhalten werden. Die Spieler konnten nicht mehr Mitglieder der Vereine sein, ohne daß diese ihren steuerrechtlich bedeutsamen Status der Gemeinnützigkeit einbüßten. Gem. § 4 Abs. II Nr. 1 der Gemeinnützigkeitsverordnung vom 24. 12. 1953[10] durften nämlich die Vereinsmitglieder keine Gewinnanteile und in ihrer Eigenschaft als Mitglieder auch sonst keine Zuwendungen aus Mitteln des Vereins erlangen. Dies ist jetzt in § 55 Abs. I Nr. 1 der AO 1977 geregelt. Der Status der Gemeinnützigkeit befreit die Vereine weitgehend von der Körperschafts-, Gewerbe- und Vermögensteuer[11]. Darüber hinaus hat dieser Begriff auch bei der Berechnung der Umsatzsteuer Bedeutung. Weiterhin sind Spenden an den Verein von den Spendern nur dann steuermindernd in Ansatz zu bringen, wenn der Verein gemeinnützig ist[12]. Da die steuerliche Abzugsmöglichkeit zweifellos die Spendenfreudigkeit Dritter und auch der Vereinsmitglieder erhöht, kann auch diese Auswirkung für die Bundesligavereine kaum überschätzt werden. Wie wichtig diese finanziellen Erwägungen in der Praxis sind, zeigt sich deutlich daran, daß Vereins- und Verbandsvertreter den Verlust dieses Status' der Gemeinnützigkeit als Grund dafür angeben, daß heute die Lizenspielerabteilungen nach wie vor als Vereinsbestandteil und nicht als ausgegliederte Kapitalgesellschaften geführt werden[13], wie dies in letzter Zeit des öfteren gefordert würde[14].

4. Gegenstand der Untersuchung

Es soll hier versucht werden, aktuelle arbeitsrechtliche Probleme im Bereich des Lizenzfußballs zu behandeln und dabei zu praktikablen Lösungen zu gelangen oder wenigstens die weitere Diskussion durch Lösungsvorschläge anzuregen.

Als gewichtigste Themenkreise stellten sich

a) die Anwendung arbeitsrechtlicher Normen gegenüber dem DFB,

b) der Lizenzentzug des Spielers,

---

[9] Derzeit regt gerade der Schleswig-Holsteinische Fußballverband entsprechende Satzungsänderungen bei den Amateurvereinen an.

[10] BGBl. 1953 I S. 1592.

[11] Der Spiegel Nr. 35/1963 S. 41; *Märkle* S. 95 f.

[12] *Märkle* S. 95.

[13] So die Auskünfte von Herrn Dr. Klein, Präsident des Hamburger Sport-Vereins und Herrn Hansen, DFB-Vorstandsmitglied.

[14] *Knauth* S. 140 ff.; *Bücker-Flürenbrock* S. 53 ff.; *Heckelmann* AcP 179 (1979) S. 1 ff.

c) der Spielertransfer mit seiner besonders umstrittenen Regelung der Transferentschädigungen zwischen neuem und abgebendem Verein und

d) die Tariffähigkeit des DFB heraus.

Um diese Fragen zu befriedigenden Lösungen zu führen, ist zunächst eine genauere Betrachtung und Einordnung der vom Spieler abgeschlossenen Verträge erforderlich.

Die Darstellung erhebt somit keinen Anspruch darauf, alle Probleme des Lizenzfußballs oder gar arbeitsrechtlicher Dreiecksbeziehungen zu behandeln. Sie soll allerdings eine Möglichkeit der Behandlung auch hier nicht im einzelnen erörterter Fragen aufzeigen.

II. Rechtsnatur des Verhältnisses Spieler / Verein

Der Vertrag zwischen dem Spieler und dem Verein wird vom DFB in § 10 LSt. als Arbeitsvertrag gekennzeichnet[1]. Diese in einem Vereinsstatut enthaltene Einordnung kann für eine endgültige Beurteilung jedoch nicht ausreichen. Vielmehr ist die Vereinbarung nach allgemeinen Kriterien zu prüfen.

Ausgangspunkt der Untersuchung ist § 611 BGB. Danach muß hier ein Austauschverhältnis vorliegen. Laut Vertrag verpflichtet sich der Spieler gem. § 2 zur Hauptleistung des Trainierens und Spielens für den Verein. Dafür gewährt ihm dieser eine Vergütung — § 3 des Vertrages. Es liegt also ein Austauschverhältnis vor.

Kennzeichnend für ein arbeitsvertragliches Verhältnis ist im Gegensatz zum freien Dienstverhältnis nach h. M. die Fremdbestimmung der Leistung bezüglich Ort und Zeit (arg. § 84 Abs. I Satz 2 HGB), auch hinsichtlich der Erbringung der Leistung im einzelnen, das sogenannte Direktionsrecht[2]. Angesichts der §§ 2 und 4 des Spielervertrages, wonach die Spieler zur Teilnahme an Spielen, Training, Massagen usw. verpflichtet sind, entstehen hinsichtlich der Fremdbestimmung von Ort und Zeit der Tätigkeit keine Zweifel.

Bedenken könnten sich wegen der weitgehenden Entscheidungsfreiheit des Spielers während des Wettkampfes ergeben. Zunächst ist jedoch zu berücksichtigen, daß diese gerade in der Mannschaftssportart Fußball durch taktische Traineranweisungen weitgehend eingeschränkt ist. Ferner ist es auch in anderen Arbeitsverhältnissen durchaus üblich, daß einzelne Entscheidungen über das „Wie" der Ausführung der gestellten Aufgabe dem Arbeitnehmer überlassen bleiben[3]. Entscheidend ist die Einbeziehung in eine fremde arbeitsteilige Organisation[4]. Davon kann bei einer Sportmannschaft ausgegangen werden, da der Einzelne hier seine Fähigkeiten zur Erreichung des Vereinsziels (Sieg oder Mei-

---

[1] „Lizenzspieler sind Arbeitnehmer ... eines Vereins."

[2] Für viele *Fenn* in Festschr. Bosch S. 177; gekennzeichnet z. T. auch als persönliche Abhängigkeit, vgl. *G. Hueck* RdA 1969 S. 216 ff. m. w. N.; kritisch zu diesem Begriff *Zöllner* RdA 1969 S. 67.

[3] *Preis*, Der Lizenzspieler, S. 29 Fn. 44.

[4] Für viele *Söllner* S. 13; damit soll nicht der wohl im wesentlichen überwundene Streit zwischen Vertrags- (*Hueck / Nipperdey* I § 21 V, S. 127 f.) und Eingliederungstheorie (*Nikisch* I § 19 IV, S. 172 ff.) angesprochen werden.

sterschaft) nach der Anweisung des Trainers ganz in den Dienst der Mannschaft und des Vereins zu stellen hat.

Zwischen Verein und Spieler kann daher ein Arbeitsverhältnis angenommen werden[5].

[5] *K.-H. Schmidt* RdA 1972 S. 88; *Preis*, Der Lizenzspieler, S. 27 ff.; *Schneider* S. 77 f.; *Börner* S. 71 ff.; *H.-P. Westermann* S. 17 ff.; *Klatt* S. 2; BAG AP Nr. 29 zu § 138 BGB; BSG 16 S. 98 (100 f.); BAG DB 1972 S. 832; ArbG Gelsenkirchen NJW 1977 S. 598 f., das seine Zuständigkeit bezeichnend aus § 2 I Nr. 2 ArbGG herleitet; *Wiesner* S. 50; *Schwerdtner*, Arbeitsrecht I, S. 81 f.

III. Rechtsnatur des Verhältnisses Spieler / DFB

Schwieriger erscheint die Einordnung des durch den Lizenzvertrag[1] gekennzeichneten Verhältnisses zwischen DFB und Spieler.

1. Vereinsrechtliche Beurteilung

Die Beziehung DFB / Spieler wurde früher als vereinsrechtlich angesehen, wobei allerdings der Lizenzvertrag nicht als vertraglich vereinbarter Vereinsbeitritt eingeordnet wurde. Dies widerspricht doch zu deutlich dem erklärten Willen des DFB, der seine Mitglieder in § 6 der Satzung abschließend aufzählt. Eine Mitgliedschaft der Berufsspieler würde den DFB, wie für die Lizenzvereine dargelegt[2], vor allem den Status als gemeinnütziger Verein kosten, was erhebliche Steuernachteile mit sich brächte[3].

Trotz dieses Widerspruches sollte ein vereinsrechtlich zu beurteilendes Rechtsverhältnis zwischen DFB und Lizenzspielern aber nicht ausgeschlossen sein. Durch die Benutzung der Vereinseinrichtung Bundesliga und die Unterwerfung unter die Vereinsgewalt sollte nach Ansicht einiger Autoren faktisch oder konkludent ein mitgliedschaftliches Verhältnis begründet werden[4].

Andere wollten durch den Abschluß des Lizenzvertrages zwischen Spieler und DFB ein quasi-mitgliedschaftliches Verhältnis geschaffen sehen, da allein die Nutzung der Vereinseinrichtung innerhalb der vom DFB erlassenen Regeln als Begründung eines derart weitgehenden Abhängigkeitsverhältnisses nicht ausreiche[5].

---

[1] Nach *Börner* S. 88 handelt es sich „in Wahrheit" um eine Genehmigung. Eine Begründung fehlt, und tatsächlich ist auch nicht zu erklären, warum Arbeitsverträge zwischen Verein und Spieler einer Genehmigung bedürften. Dadurch, daß der Spieler nach einmaliger Lizenzierung beliebig viele neue Verträge mit anderen Vereinen abschließen kann — vgl. § 13 Abs. I LSt. — wird deutlich, daß die Lizenzierung personengebunden und nicht wie eine Genehmigung gem. § 182 BGB an ein Rechtsgeschäft gebunden ist.

[2] s. o. I 3.

[3] Vgl. GemeinnützigkeitsVO vom 24. 12. 1953, BGBl. I S. 1592; dazu auch *Preis*, Der Lizenzspieler, S. 24 ff.; *Märkle* S. 95 ff.

[4] *Baumann* S. 42; *Ernst* S. 146 ff.; *Reiß* S. 52 f.

[5] *Samstag* S. 13 f.; *H.-P. Westermann* S. 36 ff.; *Preis*, Der Lizenzspieler, S. 23 f.; *Bruder* MDR 1973 S. 898.

Z. T. wird in der Bindung des Spielers an den Verband überhaupt kein vereinsrechtlicher Einschlag anerkannt. Die Beziehung beruhe allein auf dem schuldrechtlichen Lizenzvertrag. Das nimmt auch die Rechtsprechung an, die das Verhältnis DFB / Spieler nur durch diesen Vertrag geregelt sehen will[6].

Einen guten Überblick über die hier nur dem Ergebnis nach aufgeführten Meinungen gibt Klatt[7], der sich insoweit wie die Rechtsprechung entscheidet. Dies ist überzeugend, da der DFB gerade aus den angeführten Gründen korporative Bindungen des Spielers zu vermeiden trachtet, andere Ergebnisse also offensichtlich dem erkennbaren Willen des DFB widersprechen und damit den anerkannten Regeln der Vertragsauslegung gem. §§ 133, 157 BGB zuwiderlaufen[8].

2. Der Lizenzvertrag als arbeitsrechtlicher Vertrag

Da also durch den Lizenzvertrag zwischen DFB und Spieler eine Außen- oder Partnerbeziehung und keine Innen- oder korporative Bindung begründet wird, gilt es, diesen Vertrag zur Beurteilungserleichterung möglichst in die bekannten, gesetzlich geregelten Typen einzuordnen oder ihn zumindest in ihre Nähe zu rücken[9].

Während diese Frage in diesem Bereich früher — verständlich wegen des ungeklärten vereinsrechtlichen Einschlags des Verhältnisses DFB / Spieler — nicht Gegenstand rechtlicher Untersuchungen war, die Wirksamkeit gewisser Lizenzvertragsbestimmungen folglich allein anhand allgemein-zivilrechtlicher Maßstäbe beurteilt wurde[10], wird neuerdings versucht, die arbeitsrechtliche Komponente des Lizenzvertrages in den Vordergrund zu rücken[11]. Dabei sei der Lizenzvertrag nicht als Arbeitsvertrag im Sinne des § 611 BGB anzusehen, da das typische Synallagma von Arbeitsleistung und Lohn sich nur im Verhältnis Verein / Spieler verwirkliche[12]. Durch den Lizenzvertrag aber wird der Spieler zur Einhaltung der Satzung, Ordnung und Statuten des DFB verpflichtet. In diesen DFB-Regelungen wird sowohl die Zulassung eines Spielers zur Ausübung des Fußballspielens als Beruf in der Bundesliga (§ 12 LSt.),

---

[6] BAG AP Nr. 29 zu § 138 BGB; LAG Saarland AP Nr. 1 zu § 611 — Berufssport; OLG Frankfurt NJW 1973 S. 2208 ff. mit zust. Anm. von *H.-P. Westermann*.

[7] *Klatt* S. 44 f.

[8] *Flume* § 16, 3 S. 307 ff.

[9] Zu diesem Verfahren *Larenz*, Methodenlehre, S. 239 ff.

[10] Vgl. *Preis*, Der Lizenzspieler, S. 31 ff.; *Börner* S. 37 ff.; *K.-H. Schmidt* RdA 1972 S. 92 ff.

[11] *Klatt* S. 13 ff., besonders S. 52; *Buchner* NJW 1976 S. 2245; ArbG Gelsenkirchen NJW 1977 S. 598.

[12] Zutreffend *Klatt* S. 39.

der Wechsel des Arbeitsplatzes (§ 29 ff. LSt.), die Beendigung des Arbeitsverhältnisses (Lizenzentzug — § 13 LSt.) sowie die Ausübung des Berufs während der Spiele (SpO., Spielregeln der FIFA) und über das allgemeine „Fair-play-Gebot" auch darüber hinaus festgeschrieben[13]. Diese unmittelbaren Auswirkungen der privatrechtlichen DFB-Regelungen auf das Beschäftigungsverhältnis eines Lizenzspielers könnten dem Lizenzvertrag arbeitsrechtlichen Charakter verleihen.

a) Der Lizenzvertrag als arbeitsrechtlicher Kontrollvertrag?

In einer Untersuchung des Lizenzfußballs und dessen tatsächlichen Gegebenheiten aus soziologischer und ökonomischer Sicht ist Klatt[14] zu dem Ergebnis gelangt, bei dem Lizenzvertrag handele es sich um einen „arbeitsrechtlichen Kontrollvertrag"[15].

Soziologisch ist das Gebilde Bundesliga nach Klatt als ein Ganzes, bestehend aus Verband, Verein und Spielern, zu betrachten, das durch ein gemeinsames Ziel (Ermittlung des Meisters) zusammengehalten wird[16]. Auch müsse ökonomisch dieses Phänomen als Einheit betrachtet werden. Die Produktionsfaktoren Arbeit, Kapital, Boden und Disposition, letzterer entsprechend der üblichen Betrachtungsweise in der Unterhaltungsbranche in Vorbereitung und Kontrolle aufgegliedert, werden von allen an der Bundesliga Beteiligten gemeinsam gesetzt. Die Spieler erbrächten im wesentlichen die Arbeit. Kapital, Boden und Vorbereitung als Teil der Disposition würden durch die Vereine bereitgestellt bzw. betrieben und der DFB als Verband setze ebenfalls einen Teilfaktor der Disposition durch seine Kontrolltätigkeit[17].

Sowohl soziologisch wie ökonomisch müßten daher alle Beteiligten des Bundesligawettbewerbes als Einheit gesehen werden. Wenn dies aber richtig sei, dürfe die rechtliche Konstruktion nicht von der Gestaltungsautonomie eines Teiles für das Ganze ausgehen. Wenn ein Teil (Faktor), hier der DFB, Teilnahmebedingungen autonom festlege, müsse die Stellung des Arbeit-Leistenden durch das Arbeitnehmerschutzrecht gestärkt werden[18]. Der Lizenzvertrag und damit das Verhältnis DFB / Spieler sei daher nach arbeitsrechtlichen Gesichtspunkten zu beurteilen.

---

[13] *Preis*, Der Lizenzspieler, S. 70 ff.

[14] *Klatt* S. 20 ff.

[15] *Ders.* S. 44.

[16] *Ders.* S. 20 ff.

[17] *Ders.* S. 25 f.

[18] *Ders.* S. 30 f.

b) Der DFB als Arbeitgeber der Lizenzspieler

Die Darstellung Klatts kann für sich in Anspruch nehmen, die bisher wohl deutlichste Beschreibung der tatsächlichen wie rechtlichen Abhängigkeit des Lizenzspielers von Verein und DFB zu sein. Diese erkannte Abhängigkeit macht es zweifellos wünschenswert, den weitaus schwächsten Teil der an diesem Dreiecksverhältnis Beteiligten, den Spieler, so weit als möglich zu schützen. Nun könnte eingewendet werden, derart hochbezahlte Angestellte seien wirtschaftlich aber nicht so abhängig wie „normale" Arbeitnehmer. Wer so argumentiert, hat nur die hochbezahlten Stars der Bundesliga im Auge, vergißt die durchschnittlichen Spieler und erst recht die der zweiten Ligen[19].

Zu berücksichtigen ist weiter, daß der DFB faktisch ein Monopolist für die berufsmäßige Ausübung des Fußballsports ist[20]. Außerdem sind die Spieler bestenfalls ca. zehn Jahre in der Lage, Hochleistungssport zu betreiben. In dieser Zeit sind sie daher gezwungen, so viel Geld zu verdienen, daß sie auch eine längere Übergangszeit zur Eingliederung in andere Berufe nach Abschluß der sportlichen Karriere überbrücken können. Die daraus resultierende Abhängigkeit ist so stark, daß die Spieler im allgemeinen alle DFB- und Vereinsentscheidungen widerspruchslos akzeptieren. Sie ist auch der Grund, warum Spieler bisher kaum auf einem Betriebsrat oder gar Tarifverträgen bestanden.

Die Stärkung der Stellung der Spieler gegenüber dem DFB wäre am ehesten und besten durch die Anwendung des Arbeitnehmerschutzrechts zu erreichen. Allerdings erscheint es zweifelhaft, ob allein die beschriebene ökonomische und soziologische Einheit zwischen DFB, Vereinen und Spielern die Anwendung rechtlicher Schutznormen gegenüber dem DFB und damit einen Eingriff in die Privatautonomie des vermeintlich Stärkeren rechtfertigen können. Damit würde durch funktionelles Erfassen des Lizenzvertrages dieser entgegen dem Parteiwillen, der inzwischen in § 11 Abs. I Satz 2 LSt. auf seiten des DFB auch expressis verbis Ausdruck gefunden hat, vorher aber bereits aus § 10 Abs. 1 LSt. abzulesen war, von einem gewollten, frei gestalteten privatrechtlichen Vertrag sui generis gem. §§ 305, 241 BGB in einen arbeitsrechtlichen Vertrag umgewandelt. Durch einen nach Arbeitsrecht zu beurteilenden Vertrag aber würde der DFB anders, nämlich weit stärker, belastet. Da er Arbeitgeberstellung einnehmen würde[21], wäre er konsequenterweise auch — zumindest neben den Vereinen — durch alle Arbeitnehmer-

---

[19] Beim Kieler SV Holstein bezog ein Großteil der Spieler in der Saison 1979/80 ein Grundgehalt von DM 350; die bestbezahlten Spieler kamen auf DM 800 Grundgehalt.

[20] *H.-P. Westermann* S. 85; *Stern* S. 154; *Samstag* S. 55 ff.; dies wird auch vom DFB nicht bestritten.

[21] *Klatt* S. 52.

schutzgesetze betroffen: KSchG, BUrlG, ArbPlSchG, BetrVG, um nur einige zu nennen.

Es läßt sich also ein Spannungsverhältnis zwischen Parteiwille bzw. Privatautonomie und der wünschenswerten oder sogar gebotenen Ausdehnung des gesetzlichen Schutzes des Arbeitnehmers erkennen. Diese Diskrepanz zwischen Gewolltem und angeblich Verwirklichtem wurde von Klatt nicht gewürdigt. Auch erscheint in diesem Zusammenhang sein Hinweis auf die von funktionaler Betrachtungsweise geprägte neuere Rechtswissenschaft[22] nicht überzeugend. Hier wird verkannt, daß es verschiedene Dinge sind, vom Gesetz vorgegebene Begriffe durch Erfassung ihrer Funktion im Hinblick auf die hinter ihnen stehenden und durch sie zu verwirklichenden Rechtsprinzipien genauer zu erfassen und dadurch zu einer „gerechteren" Subsumtion zu gelangen[23], und durch funktionale Betrachtung ein privatautonom geschaffenes Rechtsverhältnis einem bestimmten, ausdrücklich nicht gewollten, Vertragstypus zuzuordnen.

Der richtige Weg aber ist auch hier, wie bei allen Subsumtionen[24], das gesetzliche Tatbestandsmerkmal — hier Arbeitsverhältnis bzw. Arbeitnehmer oder Arbeitgeber — mit dem gegebenen Sachverhalt zur Deckung zu bringen[25]. Gelingt dies nicht, so ist in dem Vertrag DFB / Spieler ein neuer, bisher gesetzlich nicht geregelter Typ zu erblicken, den die Parteien durch freie Gestaltung im zulässigen Rahmen der §§ 305, 241 BGB geschaffen haben.

Dieser kann grundsätzlich dann allerdings auch nur an den Normen des allgemeinen Zivilrechts, nicht auch an denen des spezielleren Arbeitsrechts, gemessen werden. Das Problem ist also, ob das durch den Lizenzvertrag geschaffene Abhängigkeitsverhältnis trotz entgegenstehenden Parteiwillens rechtlich als Arbeitsverhältnis in dem oben genannten Sinne angesehen werden kann.

aa) Objektive Einordnung des Lizenzvertrages als Arbeitsvertrag

Das Vorliegen eines Arbeitsverhältnisses wird im allgemeinen angenommen, wenn dem Dienstherren eine abhängige Arbeitsleistung erbracht wird[26]. Die Tätigkeit der Spieler ist nach der maßgeblichen An-

---

[22] *Ders.* S. 31 Fn. 36 bis 41.

[23] Nur so wird diese Frage von *Thiele* S. 78 ff. behandelt.

[24] *Larenz*, Methodenlehre, S. 258.

[25] Dies dann allerdings unter Berücksichtigung des hinter dem rechtstechnischen Begriff stehenden Prinzips — hier des Schutzes des sozial Schwächeren.

[26] St.Rspr. schon RAG 4 S. 143; BAG AP Nr. 1 ff. zu § 611 — Abhängigkeit; *Hueck / Nipperdey* § 9 III 3 S. 41 ff.

schauung im wirtschaftlichen Verkehr[27] als Arbeit anzusehen. Es ergeben sich insoweit auch keinerlei Besonderheiten daraus, daß Fußballspielen an sich und traditionell dem sportlichen Bereich zugerechnet wird[28]. Arbeit im wirtschaftlichen Sinn kann grundsätzlich jede geistige und körperliche Tätigkeit sein[29].

Ob der DFB Arbeitgeber der Spieler ist, sollte deshalb der Grad der Abhängigkeit der Spieler vom DFB ergeben, da die unselbständige Erbringung der Dienstleistung als maßgebliches Kriterium für das Vorliegen eines Arbeitsverhältnisses anzusehen ist[30].

(1) Wirtschaftliche Abhängigkeit

Gradmesser der Abhängigkeit könnte sein, inwieweit der Dienstleistende in seiner wirtschaftlichen Existenz auf die Leistungen des Vertragspartners angewiesen ist. Dieses von der Rechtsprechung zunächst beachtete Merkmal[31] wurde später mit Billigung des Schrifttums aufgegeben[32].

Dem kann zugestimmt werden. Der Schutz des Dienstleistenden soll sich nicht danach richten, ob er in der Lage ist, auch ohne wirtschaftliche Zuwendungen seitens des Dienstberechtigten seine Lebensbedürfnisse zu befriedigen, sondern danach, ob er sich in Bezug auf die Art und Weise der Erbringung der Dienstleistung im einzelnen diesem gegenüber in einer unterlegenen Position befindet. Anderenfalls beendete bei gleichbleibender Tätigkeit ein Lottogewinn oder eine größere Erbschaft die Arbeitnehmereigenschaft eines in der industriellen Massenproduktion Beschäftigten.

(2) Persönliche Abhängigkeit

Richtiger erscheint es deshalb, den Grad der Abhängigkeit und damit die Schutzbedürftigkeit des Dienstleistungsverpflichteten an den Befugnissen des Dienstberechtigten zu messen. Die Unselbständigkeit bei der Erbringung der Arbeitsleistung wächst, je mehr der Dienstberechtigte die konkrete Dienstleistungspflicht beeinflussen kann[33].

---

[27] *Hueck / Nipperdey* § 9 III 1 S. 35 f.; *Söllner* S. 25 m. w. N.

[28] *Zöllner* § 4 III 3 S. 37.

[29] *Söllner* S. 25; *Nikisch* § 14 I 3 C S. 83.

[30] St.Rspr. und h. L., vgl. *Hueck / Nipperdey* § 9 III 3 S. 41 ff.

[31] RAG 4 S. 143; 9 S. 511 (513); 13 S. 311 und 468 (469).

[32] *Hueck / Nipperdey* § 9 Fn. 3 S. 35; *Zöllner* § 4 III 5 a S. 43; *Zeuner* RdA 1975 S. 84; ausdrücklich BAG AP Nr. 1 zu § 611 BGB — Abhängigkeit; auch schon RAG 13 S. 43; 15 S. 505 und 550; 20 S. 302; 27 S. 5 (7); 34 S. 45 (48); 36, 143.

[33] Im Gegensatz zur „wirtschaftlichen" wird dies oft als „persönliche" Abhängigkeit gekennzeichnet: *Hueck / Nipperdey* § 9 III 3 S. 41; *Zeuner* RdA 1975 S. 84; BAG AP Nr. 1 ff. zu § 611 BGB — Abhängigkeit.

(a) Einwirkungsmöglichkeit des DFB auf den Arbeitseinsatz der Spieler

Die Unselbständigkeit des Dienstverpflichteten muß zunächst hinsichtlich Ort und Zeit der Erbringung der Arbeitsleistung bestehen. Dieser Gedanke hat bereits in § 84 Abs. I Satz 2 HGB Ausdruck gefunden.

Gem. § 3 lit. e) der Satzung hat der DFB die Wettbewerbe der Bundesliga durchzuführen. Dazu erstellt der Spielleiter des DFB gem. § 28 SpO einen Spielplan. In diesem sind Zeit und Ort der Wettkämpfe den Bundesligavereinen vorgegeben, woran die Bundesligavereine gem. § 35 Abs. I LSt. gebunden sind. Dies könnte bedeuten, daß der DFB Ort und Zeit der Arbeitsleistung der Spieler bestimmt, also direkten Einfluß auf die Dienstverpflichteten nimmt.

Es erscheint jedoch fraglich, ob damit bereits eine derart starke Abhängigkeit für die Lizenzspieler gegeben ist, daß eine Anwendung des Arbeitnehmerschutzes gegenüber dem DFB erforderlich wäre. Hier ist ein Blick auf die Organisationsstruktur des Lizenzfußballs in der Bundesliga förderlich.

Aufgabe des DFB ist es gem. § 3 lit. e) der Satzung, den Deutschen Fußball-Meister zu ermitteln. In der gleichen Satzungsnorm ist festgehalten, daß der DFB sich dazu der Bundesliga, dem. § 1 LSt. eine Vereinseinrichtung des DFB, zu bedienen hat. Beim derzeitigen Spielsystem hat jeder Verein gegen jeden anderen während eines Spieljahres in Hin- und Rückspielen anzutreten. Dieser Austragungsmodus wurde als der beste zur Förderung des Leistungssports in diesem Bereich angesehen[34] und hat sich inzwischen bewährt[35]. Die Ansetzung der Spiele durch den DFB ist daher nur die Erfüllung einer Koordinationsaufgabe zur Erreichung seines und des gemeinsamen Zwecks der Vereine: Ermittlung von Meister und Absteigern.

Von einer unmittelbaren Einwirkung auf Ort und Zeit der Erbringung der Arbeitsleistung der Spieler kann deshalb nicht gesprochen werden, weil die endgültige Entscheidung, ob ein bestimmter Spieler in einer Begegnung eingesetzt wird oder nicht, den Vereinen überlassen bleibt. Die Einflußnahme des DFB ist insoweit vergleichbar mit der eines Bauunternehmers, der termingebunden Aufträge an Subunternehmer zum Zwecke eines Hausbaus vergibt. Dadurch bestimmt dieser natürlich auch Arbeitszeit und Ort der beim Subunternehmer beschäftigten Arbeitnehmer. Dennoch würde allein aus diesem Grund niemand von einem partiellen „Einrücken" des Unternehmers in die Arbeitgeber-

---

[34] Der Spiegel Nr. 35/1963 S. 38.

[35] Im Fußballmutterland England wird zur Zeit die Einführung eines ganz ähnlichen Spielsystems erwogen, FAZ v. 29. 2. 1980 S. 23.

stellung des Subunternehmers sprechen können[36]. Verpflichtungen zum Schutze der Arbeitnehmer ließen sich daher nicht wegen des Spielerlizenzvertrages aus den Arbeitnehmerschutzgesetzen, sondern allenfalls aus einem Vertrag mit Schutzwirkung zugunsten Dritter zwischen DFB und Verein entnehmen[37]. Grundsätzlich bleibt der Verpflichtete der Arbeitgeberpflichten der Subunternehmer[38] bzw. der Verein.

(b) Die Weisungsbefugnis des DFB hinsichtlich der Art und Weise der Arbeitsleistung durch die Spieler

Weiteres wichtiges Kennzeichen der persönlichen Abhängigkeit des Arbeitnehmers bzw. der Unselbständigkeit der zu erbringenden Dienstleistung[39] ist die Weisungsunterworfenheit während der Arbeitsleistung[40]. Im Gegensatz zur Weisungsgebundenheit bezüglich Ort und Zeit geht es dabei um die Art und Weise der Ausführung der Arbeiten. Dem DFB müßte diesbezüglich also ein Direktionsrecht gegenüber den Spielern zustehen.

Während des Spiels könnte ein solches durch die Schiedsrichter ausgeübt werden[41]. Sie haben mit ihren Entscheidungen zweifellos Einfluß auf das Spielerverhalten im Wettkampf. Es erscheint möglich, zwei Formen des Direktionsrechts zu unterscheiden. Es tritt zum Teil als Recht, Anweisungen mit Anspruch auf entsprechende Ausführung zu erteilen, auf. In anderen Fällen beschränkt sich die Ausübung allein auf die Überwachung der Ausführung und die Sanktionierungsmöglichkeit bei Mängeln (z. B. Ermahnung, Wiederholung).

Die Tätigkeit des Schiedsrichters beschränkt sich auf eine reine Überwachertätigkeit. Mit Freistößen, Straßstößen, Ermahnungen, Verwarnungen und Feldverweisen kann er ferner die Mißachtung der Fußballregeln sofort ahnden. Anweisungen zum gezielten Einsatz der Arbeitskraft innerhalb dieser Regeln zur Erreichung des sportlichen Ziels (Gewinn des Wettkampfes) kann und darf er hingegen nicht geben.

Ein nur in geringem Umfang bestehendes Direktionsrecht ist jedoch nicht unbedingt ein Grund, ein Arbeitsverhältnis zwischen Spielern und DFB abzulehnen. Z. B. werden Chefärzte in Krankenhäusern als

---

[36] Jedenfalls dann nicht, wenn der Subunternehmer selbst Unternehmer bleibt und nicht zum (abhängigen) Arbeitnehmer wird. Vgl. auch BAG AP Nr. 3 zu § 611 BGB — mittelbares Arbeitsverhältnis mit zust. Anm. v. *G. Hueck*.

[37] Dazu s. u. 3 b).

[38] Vgl. *Palandt / Putzo* § 618 Anm. 2 b.

[39] *Zöllner* § 4 III 5 S. 43.

[40] *Hueck / Nipperdey* § 9 III 3 S. 41 ff.; *Söllner* S. 29; *Zöllner* § 4 III 5 a S. 43.

[41] *Klatt* S. 102 Fn. 204.

Arbeitnehmer angesehen, obwohl hier ein Direktionsrecht hinsichtlich der Durchführung von Arbeitsleistungen wie Operationen mangels Sachkenntnis kaum angenommen werden kann oder jedenfalls in nur ganz geringem Umfang besteht[42].

Es ist jedoch fraglich, ob hier ein vergleichbarer Ausnahmefall vorliegt. In der Entscheidung vom 27. 7. 1961[43] stellte das BAG nämlich entscheidend darauf ab, daß Ärzte — oder auch die als weiteres Beispiel angeführten Richter — aus standesrechtlichen Gesichtspunkten nicht weisungsgebunden waren. Im Fall der Schiedsrichter und Spieler liegt es anders: Die Spieler dürfen und müssen Weisungen (der Vereine!) befolgen, der vom DFB benannte Schiedsrichter aber darf keine erteilen. Dem DFB kann man also hinsichtlich des Einsatzes der Arbeitskraft der Spieler ein derartiges Direktionsrecht nicht zubilligen. Er überläßt bewußt den Einsatz der Arbeitskraft Vereinen und Spielern. Anderenfalls wäre ein sportlicher Wettkampf auch nicht vorstellbar. Der DFB setzt hier nur Rahmenbedingungen, die das Spiel — wie der Fußballplatz — erst ermöglichen und ohne Überwachung wertlos wären.

Weiter ist zu berücksichtigen, daß den zeitlichen Hauptteil der Arbeit des Spielers das Training beansprucht. In diesem Bereich aber hat der DFB gar keine Einwirkungsmöglichkeiten auf die Gestaltung. Hier ist alles den Vereinen überlassen. Insoweit läßt sich eine deutliche Kompetenzteilung zwischen Vereinen und DFB erkennen, die gegen eine direkte Weisungsbefugnis des DFB gegenüber den Lizenzspielern spricht.

Als Zwischenergebnis läßt sich also festhalten, daß im Lizenzvertrag und dem allein dadurch geschaffenen Rechtsverhältnis kein Arbeitsverhältnis gesehen werden kann.

bb) Beachtung des Parteiwillens bei der Frage der Rechtsnatur von Dienstverhältnissen

Neuerdings wird versucht, im Gegensatz zur ganz h. M. dem Parteiwillen einen größeren Stellenwert beizumessen. Das Vorliegen eines Arbeitsverhältnisses soll also nicht mehr nur anhand rein objektiver Kriterien festzustellen sein[44]. Dadurch aber ändert sich das gefundene Zwischenergebnis nicht. Gem. § 11 Abs. I LSt. hat der DFB die Begründung eines Arbeitsverhältnisses mit dem Spieler durch den Lizenzvertrag ausdrücklich ausgeschlossen.

---

[42] BAG AP Nr. 24 zu § 611 BGB — Ärzte mit zust. Anm. v. *Molitor; Zeuner* RdA 1975 S. 85.

[43] BAG AP Nr. 24 zu § 611 BGB — Ärzte.

[44] *Lieb* § 1 I 3 S. 8; *ders.* RdA 1974 S. 258 Fn. 10; *ders.* RdA 1975 S. 49 ff.

3. Gesamtbetrachtung der Beziehung DFB / Verein / Spieler

Die Frage, ob der DFB arbeitsrechtliche Schutznormen bei Maßnahmen gegen die Spieler aber nicht doch in einem bestimmten Grade zu berücksichtigen hat, ist damit noch nicht beantwortet. Wie gezeigt[45], hat der DFB durch die Bindung von Spielern und Vereinen an das LSt. und die Satzung sowie die maßgeblichen Ordnungen die Möglichkeit, z. T. erheblich auf das Arbeitsverhältnis der Spieler mit den Vereinen[46] einzuwirken. Als Beispiel sei hier nur die Sperre eines Spielers gem. § 5 lit. b) bis i) RuVO genannt. Spricht ein Rechtsorgan des DFB — gem. § 2 RuVO das Sport- oder Bundesgericht — eine solche Sperre auf Zeit aus, so ist der Verein gem. § 5 lit. b) des Vereinslizenzvertrages zur Einhaltung dieser Sperre verpflichtet. Der Verein darf sich also wegen des Einsatzes seines Arbeitnehmers nicht über die DFB-Entscheidung hinwegsetzen.

Für die Beurteilung einer eventuellen Bindung des DFB an den Arbeitnehmerschutz bei Maßnahmen gegen Lizenzspieler scheint daher eine Gesamtbetrachtung der Dreierbeziehung DFB / Verein / Spieler förderlich.

a) Mittelbares Arbeitsverhältnis

Zu denken wäre bei der Anwendung des Arbeitnehmerschutzes gegenüber dem DFB zunächst an die Rechtsfigur des mittelbaren Arbeitsverhältnisses. Ein solches wird angenommen, wenn „jemand von einem Mittelsmann, der seinerseits Arbeitnehmer eines Dritten ist, beschäftigt wird und die Arbeit mit Wissen des Dritten unmittelbar für diesen geleistet wird, ohne daß ein unmittelbarer Arbeitsvertrag zwischen dem Dritten und dem Gehilfen zustandegekommen ist“[47].

Ein Arbeitsvertrag ist nach dem oben Gesagten nicht im Lizenzvertrag zwischen DFB und Spielern zu sehen. Es ist auch nicht anzunehmen, daß die Vereine als Stellvertreter des DFB im Sinne des § 164 BGB mit den Spielern Arbeitsverträge schließen. Eine entsprechende DFB-Vollmacht kann nicht angenommen werden. In § 11 Abs. I LSt. hat der DFB ja seinem Willen Ausdruck verliehen, mit den Spielern keinen Arbeitsvertrag zu schließen.

Wichtigste Voraussetzung für das Vorliegen eines mittelbaren Arbeitsverhältnisses ist jedoch die Feststellung eines Arbeitsverhältnisses zwischen dem mittelbaren Arbeitgeber und dem Mittelsmann (Zwi-

---

[45] s. o. 2 a), 2 b) aa) (2).

[46] s. o. II.

[47] Zitat: *Hueck / Nipperdey* § 78 V 1 S. 798; so auch BAG AP Nr. 2, 3 zu § 611 BGB — mittelbares Arbeitsverhältnis.

schenmeister)[48]. Im vorliegenden Fall würde dies die Annahme eines Arbeitsverhältnisses zwischen DFB und Verein voraussetzen. Der Verein kann als juristische Person gem. § 21 BGB[49] jedoch nicht als Arbeitnehmer angesehen werden[50] Dies ergibt sich aus der Konzeption des Arbeitnehmerschutzrechts, das auf natürliche Personen zugeschnitten ist. Auch ist eine juristische Person nicht als persönlich abhängig, d. h. als abhängiger Teil einer Beziehung mit personenrechtlichem Einschlag denkbar[51]. Ferner ist das Verhältnis DFB / Verein durch einen Mitglieds- und einen Benutzungsvertrag, nicht durch einen Dienstvertrag gekennzeichnet.

Ein mittelbares Arbeitsverhältnis zwischen DFB und Lizenzspielern ist daher nicht anzunehmen[52].

b) Lizenzvertrag zwischen Verein und DFB als Vertrag mit Schutzwirkung zugunsten Dritter

Der DFB könnte zur Beachtung des Arbeitnehmerschutzes gezwungen sein, weil der Lizenzvertrag des DFB mit dem einzelnen Verein Schutzwirkung zugunsten der Spieler entfaltet[53].

Gegen diese Lösung spricht zunächst, daß der Fall des Lizenzfußballs gegenüber den bekannten Fällen der Verträge mit Schutzwirkung zugunsten Dritter insofern eine Besonderheit aufweist, als der DFB mit den Spielern selbst vertragliche Beziehungen hat. Der Vertrag mit Schutzwirkung zugunsten Dritter aber wurde vor allem wegen der Unzulänglichkeit des Deliktsrechts entwickelt. Personen, die auf Gläubigerseite in engen Kontakt mit der geschuldeten Leistung kommen, sollen dadurch wie der Gläubiger selbst in den vertraglichen Schutz einbezogen werden.

Schwerwiegender noch ist ein anderer Einwand: Beim Vertrag mit Schutzwirkung zugunsten Dritter wird der Dritte wie der Vertrags-

---

[48] Ausdruck nach BAG AP Nr. 2 zu § 611 BGB — mittelbares Arbeitsverhältnis.

[49] Bundesligavereine sind in das Vereinsregister eingetragen; kritisch wegen des wirtschaftlichen Geschäftsbetriebes in den Lizenzabteilungen *Knauth*, Die Rechtsformverfehlung bei eingetragenen Vereinen mit wirtschaftlichem Geschäftsbetrieb; *Heckelmann* AcP 179 (1979) S. 1 ff.; *Meyer-Cording* FAZ v. 15. 6. 1977 S. 12.

[50] *Hueck / Nipperdey* § 30 I S. 172 m. w. N.

[51] *Dies.* § 30 I S. 172, vgl. zu dem Begriff „personenrechtlich" *Zöllner* § 11 II 7 S. 105.

[52] Zum Umfang der sich aus einem solchen Verhältnis für den mittelbaren Arbeitgeber ergebenden Pflichten vgl. BAG AP Nr. 2, 3 zu § 611 BGB — mittelbares Arbeitsverhältnis mit Anm. von *A.* und *G. Hueck; Hueck / Nipperdey* § 78 V 3 S. 799 ff.

[53] Zur Begründung der Schutzwirkung vgl. *Palandt / Heinrichs* § 328 Anm. 2 b m. w. N.

partner geschützt. Der Schuldner hat bei der Erfüllung also ihm gegenüber die gleichen Schutzpflichten wie gegenüber dem Geschäftspartner[54]. Im Verhältnis DFB / Verein sind jedoch nur allgemeine Nebenpflichten des Zivilrechts zu beachten, nicht die erheblich weitergehenden des Arbeitsrechts (insbesondere die Fürsorgepflicht), da — wie gezeigt[55] — zwischen DFB und Verein kein arbeitsrechtlich zu beurteilendes Verhältnis anzunehmen ist. Die Konstruktion des Vertrages mit Schutzwirkung zugunsten Dritter ist jedoch nicht geeignet, dem einen Vertragspartner gegenüber einem Dritten mehr Pflichten aufzuerlegen, als er gegenüber der anderen Vertragspartei hat. Hier bedeutet dies, daß mit Hilfe des Vertrages mit Schutzwirkung zugunsten Dritter dem DFB keine arbeitsvertraglichen Nebenpflichten gegenüber dem Dritten (Spieler) aufzuerlegen sind, weil gegenüber dem Vertragspartner Verein diese nicht bestehen.

Aus der Annahme, der Lizenzvertrag der Vereine mit dem DFB entfalte Schutzwirkung zugunsten Dritter, ließe sich daher die Bindung des DFB an das Arbeitnehmerschutzrecht nicht begründen.

c) Einheitliches Arbeitsverhältnis des Spielers durch die Verträge mit DFB und Verein

Am Beispiel der Sperre eines Spielers[56] wurde bereits dargestellt[57], daß der DFB Funktionen wahrnimmt, die typischerweise allein dem Arbeitgeber obliegen — hier den Ausschluß eines Spielers von bestimmten Arbeiten. Durch den Zwang zur Lizenzierung, der sich aus der faktischen Monopolstellung des DFB ergibt[58], kann der DFB ferner auf das Zustandekommen eines Arbeitsvertrages des Spielers einwirken, da gem. § 7 Abs. I des Spielervertrages die Lizenzerteilung aufschiebende Bedingung für die Wirksamkeit des Vertrages Verein / Spieler ist. Ein Lizenzentzug[59] führt zur sofortigen Beendigung des Spielervertrages, was Inhalt des § 7 lit. b) der Vereinbarung Verein / Spieler ist.

Wie weit der DFB normalerweise einem Arbeitgeber zustehende Rechte gegenüber dem Spieler wahrnehmen will, sei durch § 2 Abs. I Satz 3 des Spielerlizenzvertrages verdeutlicht: „Der DFB trifft durch seine Organe oder vom DFB beauftragte Personen aufgrund der Benutzungsvorschriften Maßnahmen hinsichtlich der Benutzung der Vereinseinrichtung (Bundesliga), insbesondere der Zulassung, der Betäti-

[54] *Sonnenschein* JA 1979 S. 228.

[55] s. o. 3 a).

[56] Dazu im Einzelnen s. u. VI.

[57] s. o. 3.

[58] *Samstag* S. 55 ff.; *H.-P. Westermann* S. 85; *Stern* S. 154.

[59] Dazu im Einzelnen s. u. IV.

gung bei der Benutzung allgemein und der Verhängung von Strafsanktionen bei Verstößen gegen Benutzungsregelungen sowie des Ausschlusses von der Benutzung." Dabei ist zu beachten, daß die Benutzung der Vereinseinrichtung Bundesliga Voraussetzung für die Berufsausübung durch die Spieler ist, da sie, ohne am Spielbetrieb der Bundesliga teilzunehmen, in der Bundesrepublik nicht Berufsfußballer sein können.

Der Verein als Arbeitgeber der Spieler hat zuvor in seinem Lizenzvertrag mit dem DFB anerkannt, daß der DFB „die Benutzungsvorschriften für die Vereinseinrichtung Bundesliga" aufstellt, insbesondere sind dies LSt., RuVO sowie SpO. Außerdem ist der Lizenzverein, der außerordentliches Mitglied des DFB wird, gem. § 2 seines Vertrages mit dem DFB noch einmal ausdrücklich an die DFB-Satzung gebunden worden, die gem. § 13 Abs. I lit. b) die Verbindlichkeit der Ordnungen, Entscheidungen und Beschlüsse des DFB für Mitglieder[60] feststellt. Somit hat der DFB also das Recht, Beginn und Ende der Arbeitsverhältnisse der Spieler zu bestimmen, sowie gewisse Kontrollfunktionen wahrzunehmen und entsprechende Sanktionen gegen Spieler zu verhängen, die von den Vereinen akzeptiert werden müssen.

aa) Die grundsätzliche Zulässigkeit der Dreiecksbeziehung im Lizenzfußball

Schutz des Arbeitnehmers auf Vereinsebene vor diesen Maßnahmen würde weitgehend leerlaufen, weil der Verein nicht mehr über die Einzelmaßnahme zu entscheiden hat. Daraus allerdings den Schluß zu ziehen, Arbeitgeberfuntkionen können generell nicht von einem Dritten ausgeübt werden, erscheint angesichts anderer anerkannter Konstellationen im Arbeitsrecht nicht berechtigt. Klatt[61] nennt dafür zutreffend die Beispiele der Gesamthafenbetriebe, der Arbeitnehmer in ausländischen Streitkräften und die sogenannten echten Leiharbeitsverhältnisse. In allen Fällen sieht sich der Arbeitnehmer zwei Personen gegenüber, die jede zu einem Teil die Funktionen des Arbeitgebers wahrnehmen. In allen Fällen wird aber auch versucht, den Arbeitnehmerschutz ungeschmälert aufrechtzuerhalten. Es kann nach dem AÜG vom 7. 8. 1972 und dem Gesamthafenbetriebsgesetz auch nicht behauptet werden, der Gesetzgeber kenne Dreiecksverhältnisse im Arbeitsrecht nicht. Da es kein entsprechendes gesetzliches Verbot gibt, scheint es durchaus denkbar, daß solche Konstellationen auch sonst auf vertraglicher Basis, wie im Lizenzfußball, entstehen können.

Dieses Ergebnis kann gerade für den Hochleistungssport — und daß der Bundesligafußball dieses für die Spieler auch ist, soll hier nicht ver-

---

[60] Für Bundesligavereine vgl. § 13 der Satzung a. E.

[61] *Klatt* S. 40 ff.

kannt werden — weiter gestützt werden. Eine Leistungsspitze in irgendeiner Disziplin — übrigens nicht nur einer sportlichen — kann wohl nur erreicht werden, wenn eine möglichst breite Basis sich nach gleichen Regeln betätigt, eine Auslese stattfindet und die Spitzenkräfte intensiv weiter gefördert werden. Ziel der Bundesliga bei deren Einführung war es ja nicht nur, den Berufssportlern ein Betätigungsfeld zu geben, sondern darüber hinaus und wohl sogar vorrangig die Förderung von Spitzenleistungen[62]. Der sportliche Erfolg der Fußballbundesliga zeigt sich an den guten Plazierungen der Nationalmannschaften auf den Weltmeisterschaften ab 1966[63] und wohl noch eindrucksvoller an den Erfolgen deutscher Vereinsmannschaften in den Europapokalen[64]. Es ist daher aus leistungssportlichen Gesichtspunkten erforderlich und wünschenswert, die Regelungen für alle Fußballsporttreibenden — Amateur oder Profi — gleich zu halten. Diesem Ziel aber dient die Bundesliga und die vertragliche Gestaltung des Lizenzfußballs vor allem. Dabei stellen sich diese Bestimmungen im Arbeitsverhältnis der Berufsfußballer anders als bei den Amateuren als vertraglich abgesicherte arbeitsregelnde Faktoren dar. Dieser Gesichtspunkt, der in der juristischen Diskussion bisher vernachlässigt wurde, scheint bei der Befürwortung des Leistungssports in der Gesellschaft viel zu wenig Beachtung gefunden zu haben.

Ein weiteres kommt hinzu: Da die Spieler bezahlte Angestellte der Vereine sind, diese sich aber nicht zuletzt aus steuerlichen Gründen fast ausschließlich auf Einnahmequellen aus Werbe- und Zuschauerentgelten stützen müssen, sind sie auch wirtschaftlich am sportlichen Erfolg ihrer Bundesligamannschaft interessiert. Mit diesem steigt nämlich der Marktwert des Klubs, wodurch die Verhandlungsposition bei Werbeverträgen gestärkt wird. Auch können höhere Zuschauerzahlen erreicht und höhere Eintrittspreise durchgesetzt werden. Der sportliche Erfolg einer Mannschaft hängt aber oft wesentlich von einzelnen Spielern ab, die besonders wichtige Positionen auf dem Spielfeld bzw. im Gefüge eines Teams einnehmen. So war es in der Fachpresse nahezu einhellige Meinung, daß der fast während der gesamten Bundesligasaison 1978/79 führende 1. FC Kaiserslautern seine Chance auf den deutschen Meistertitel und damit die Teilnahme am lukrativen Europapokalwettbewerb der Landesmeister an dem Tag verspielt hatte, als sein Mittelstürmer,

---

62 Der Spiegel Nr. 35/1963 S. 34.

63 1966 Vizeweltmeister; 1970 Dritter; 1974 Weltmeister; 1978 unter den besten acht Teams.

64 Seit Einführung der Bundesliga wurde von deutschen Vereinen je dreimal der Pokal der Landesmeister (Bayern München 1974, 1975, 1976) und der der Pokalsieger (Borussia Dortmund 1966; Bayern München 1967; Hamburger SV 1977) gewonnen. Darüberhinaus erreichten noch viermal deutsche Klubs das Finale. Daten aus Fußball-Woche / Sport-Megaphon Sonderheft Bundesliga 79—80 vom Juli 1979.

der diese Position auch bereits in der Nationalmannschaft ausgefüllt hatte, vom Platz gestellt und in der Folge vom DFB für 8 Wochen gesperrt wurde[65].

Aus diesem Beispiel, dem sich beliebig viele hinzufügen ließen, läßt sich deutlich der Konflikt erkennen, in den Vereine geraten würden, müßten sie Sanktionen gegen einen vom Platz gestellten Spieler verhängen[66]. Bei der aus Rücksicht auf die steuerrechtliche Gemeinnützigkeit und die hohen finanziellen Verpflichtungen vor allem durch Gehaltszahlungen notgedrungen ständig angespannten wirtschaftlichen Lage der Vereine und dem daraus resultierenden Zwang zum sportlichen Erfolg, würde eine von ihnen verhängte Strafe in aller Regel fast zwangsläufig milder ausfallen als die vom DFB ausgesprochenen. Insofern sind nämlich Spieler- und Vereinsinteressen gleich: Der eine möchte gern spielen, um den nach Erfolg und Spieleinsatzhäufigkeit gestaffelten Prämienlohn zu kassieren[67], der andere möchte den Spieler gerne einsetzen, um sportliche Erfolge und damit höhere finanzielle Einnahmen erzielen und somit auch längerfristig den Spieler und seine Mannschaftskameraden bzw. Berufskollegen bezahlen und an den Verein binden zu können. Damit würden aber die Spieler die Angst vor Regelverstößen verlieren. Der Wettkampf würde noch härter werden. Die Trainer könnten noch ungenierter von den Spielern Fouls zur Verhinderung von Torerfolgen des Gegners verlangen.

Es erscheint somit unter diesem bedeutsamen leistungssportlichen Aspekt und zum Schutze der gegnerischen Spieler und Vereine wünschenswert und notwendig, dem DFB Befugnisse zu gewähren, die die Einhaltung der sportlichen Regeln garantieren. Diese stellen sich dann im Berufsfußball allerdings als Bestimmungen zur Reglementierung des Arbeitsverhältnisses dar.

bb) Einheitliche Rechtsverhältnisse im Zivilrecht

Nachdem somit grundsätzlich die Möglichkeit anerkannt wurde, dem DFB aufgrund der bestehenden Verträge wirksam einzelne Arbeitgeberfunktionen zu übertragen, stellt sich im Anschluß die Frage nach der Realisierung des Arbeitnehmerschutzes bei einer derartigen Dreiecksbeziehung. Da es an einer gesetzlichen Regelung wie z. B. im Gesamthafenbetriebsgesetz mangelt, bietet sich ein Vergleich zu ähnlichen Dreiecksbeziehungen im Zivilrecht an. Im folgenden sollen einige be-

[65] FAZ vom 7. 5. 1979; Fußball-Woche / Sport-Megaphon Sonderheft Bundesliga 79—80 S. 73; ebenso für den 1. FC Köln bei Hinausstellung seiner Mittelfeldregisseure FAZ vom 9. 5. 1979.

[66] Diese Interessenlage erkennt auch *Klatt* in anderem Zusammenhang S. 37.

[67] Vgl. § 3 des Spielervertrages mit dem Verein.

kannte Geschäftsarten aufgezeigt werden, bei denen einem Vertragsteil zwingend gesetzlicher Schutz zukommt, den der andere durch Einführung eines Dritten in das Rechtsgeschäft auszuschließen bzw. zu umgehen trachtet[68].

(1) Der finanzierte Abzahlungskauf — das B-Geschäft

Das wohl bekannteste, weil praktisch bedeutsamste Beispiel ist der finanzierte Abzahlungskauf und innerhalb dieser Fallgruppe das sogenannte B-Geschäft, das sich auch mit der hier zu behandelnden Frage am besten vergleichen läßt. Mit dem Begriff des finanzierten Abzahlungskaufs ist ein Dreiecksverhältnis Käufer / Verkäufer / Bank gemeint. Beim B-Geschäft schließt dabei der Käufer mit dem Verkäufer einen Kaufvertrag und muß in der Regel zugleich ein Antragsformular auf Abschluß eines Darlehensvertrages mit einer Bank unterschreiben. In diesem Antrag, der der Bank vom Verkäufer ausgehändigt wird, weist der Käufer die Bank an, die Darlehensvaluta, die den Betrag des Kaufpreises haben, direkt an den Verkäufer auszuzahlen. Für die ratenweise zu tilgende Darlehensschuld des Käufers gegenüber der Bank ist der Verkäufer regelmäßig aufgrund eines Rahmenvertrages als Bürge oder Mitschuldner mitverpflichtet[69].

Da die Zahlungsverpflichtung des Käufers durch Auszahlung der Darlehensvaluta an den Verkäufer durch die Bank sofort und durch Zahlung nur einer Summe erlischt, könnte durch diese Konstruktion — und das war der wirtschaftliche Sinn dieser Geschäfte — der gesetzliche Schutz des AbzG umgangen werden. Wenn sich aber die beiden vom Käufer getätigten Vertragsabschlüsse als wirtschaftliche Einheit mit dem Ziel, einen Kaufgegenstand gegen Ratenzahlung zu erwerben, darstellen, so darf nach allgemeiner Ansicht der Käuferschutz des AbzG nicht verlorengehen[70].

Zwei Kriterien schälen sich also als maßgeblich für die Gewährung des Käuferschutzes heraus: Das Darlehen muß ratenweise zurückgezahlt werden und Kauf- und Darlehensvertrag müssen wirtschaftlich eine Einheit bilden[71]. Die ratenweise Zahlung ist dabei als charakteristisch

---

68 Dieses Vorgehen wird auch durch die verwandte Terminologie angeregt: BGH NJW 1970 S. 701 (702) spricht für den finanzierten Abzahlungskauf von einer erstrebten Aufteilung der Funktionen, ebenso *Nikisch* I § 17 II S. 144 f. für Arbeitsverhältnisse mit mehr als zwei Beteiligten.

69 Vgl. auch den Entscheidungsblock im 47. Entscheidungsband des BGH, S. 207 ff.

70 BGH 47 S. 217 (220) m. w. N.; *Larenz*, Schuldrecht — Besonderer Teil, § 63 I S. 399 ff.; *Stauder* in Festschr. Bosch S. 983 f.; Überblick bei *Palandt / Putzo* § 6 AbzG Anm. 2 a cc und 2 b dd; daß dem Käufer z. T. auch andere Einwände gegen die Bank eingeräumt werden, sei hier nur der Vollständigkeit halber erwähnt.

71 So die herrschende Trennungstheorie: BGH NJW 1972 S. 46 (47); 1973

für das Abzahlungsgeschäft und damit als Grund für den gesetzlichen Käuferschutz anzusehen. Der Ratenkauf, der dem Käufer ohne großen finanziellen Aufwand sofort die Ware verschafft, verleitet den Käufer zum Vertragsschluß und bindet ihn später für z. T. lange Zeit. Es ist somit nach der Intention des AbzG unverzichtbar, Käuferschutz zu gewähren, wenn er durch Ratenzahlungen langfristig gebunden wird — beim finanzierten Abzahlungskauf an die Bank[72].

Schwierigkeiten bereitet die genaue Beurteilung, wann ein wirtschaftlich einheitliches Geschäft vorliegt[73]. Sie kann im Einzelfall nur aufgrund von Indizien erfolgen. Solche Indizien sind die gegenseitige Bezugnahme der Verträge, ihre Zusammenfassung in einem Formular, das Bestehen eines Rahmenvertrages zwischen der Bank und dem Verkäufer bzw. dauernde Geschäftsbeziehungen sowie eine Mitschuldübernahme durch den Verkäufer[74]. Auf diese Anhaltspunkte wird im Rahmen der Betrachtungen im Verhältnis des Spielers zum DFB zurückzukommen sein.

Die Frage nach der konstruktiven Begründung des Käuferschutzes wird nicht einheitlich beantwortet. Die Lösungsversuche in den verschiedenen Fallgestaltungen im einzelnen darzustellen, würde hier zu weit führen: es wird versucht, die §§ 139 BGB analog, 158 BGB, 273 BGB analog bei dreiseitigen Verhältnissen[75] heranzuziehen, die Regeln über den Wegfall der Geschäftsgrundlage oder § 306 BGB unter dem Gesichtspunkt der Zweckverfehlung[76] werden bemüht[77]. Der BGH versucht die „Aufspaltungsgefahren" über § 242 BGB bzw. das Institut der c. i. c. abzuwenden[78]. Einig sind sich diese Ansätze jedenfalls in der

---

S. 452 (453); 1975 S. 1317; 1976 S. 1093 (1094); *Weitnauer* JZ 1968 S. 208; *Crisolli / Ostler* § 6 AbzG Anm. 144; *Esser / Weyers* § 9 III 3 S. 116; *Möllers* NJW 1967 S. 1783; a. A. *Emmerich* JuS 1971 S. 278 ff., der eine Gesellschaft zwischen Verkäufer und Bank sehen will, also ein einheitliches rechtliches Verhältnis, ebenso *Palandt / Putzo* Anm. 2 b cc im Anhang zu § 6 AbzG. Für eine einheitliche rechtliche Betrachtungsweise auch *Gernhuber* in Festschr. Larenz S. 455 ff. und *Vollkommer* in Festschr. Larenz S. 713, der eine Lösung der Probleme des B-Geschäftes über die Inhaltskontrolle versucht. Eine nur verbale Anerkennung der Trennungstheorie ist jedoch entgegen dieser Meinungen nicht gegeben, da Rechtshandlungen, die regelmäßig in der Käufer / Verkäufer-Beziehung stattfinden, nur insoweit Auswirkungen auf das Darlehen haben, als der Schutz des AbzG reicht und der Käufer bei Vorgehen gegen den Verkäufer wegen der Dreiecksbeziehung nicht ausreichend geschützt ist, BGH NJW 1973 S. 452 (453 f.); 1976 S. 1093 (1094); 1970 S. 701 (703); so ausdrücklich BGH 37S. 94 (100).

72 BGH 47 S. 253 (257).

73 Vgl. BGH 47 S. 253 (255 ff.).

74 Ausführlich dazu BGH NJW 1970 S. 701 (703), BGH 47 S. 253 (255 f.).

75 *Larenz* in Festschr. Michaelis S. 203 ff.

76 *Esser / Weyers* § 9 III 3 S. 116 f.; *Emmerich* JuS 1971 S. 278.

77 Vgl. auch Fn. 71.

78 BGH 47 S. 217 (222); BGH NJW 1971 S. 2303 (2306 f.) mit z. T. ablehnender

Grundtendenz: Der Käufer soll seinen ihm gesetzlich gewährten Schutz aus dem AbzG nicht dadurch verlieren, daß er nicht wie gewöhnlich dem Verkäufer, sondern einem Dritten, der Bank, zur ratenweisen Zahlung verpflichtet ist.

(2) Die finanzierte Ehemäkelei

Ähnlich gelagert, wenn auch mit anderen Konsequenzen, ist der Fall der finanzierten Ehemäkelei. Gem. § 656 BGB wird durch den Abschluß eines Maklervertrages zum Nachweis der Gelegenheit zur Eingehung der Ehe eine Verbindlichkeit nicht begründet. Dies gilt auch für Verbindlichkeiten, die die oder der Heiratswillige zum Zwecke der Erfüllung eingehen — § 656 Abs. II BGB. Um dieses für die Makler unerwünschte Ergebnis zu vermeiden, das sie mitunter zu erheblichen Vorleistungen zwingt, wurden Ehemaklerverträge mit Darlehensverträgen gekoppelt. Der Kunde schloß gleichzeitig mit dem Maklervertrag einen Darlehensvertrag mit einer Bank ab, in dem bestimmt wurde, daß die Valuta an den Makler auszuzahlen sei. Damit sollte der Makler sofort zu seinem Lohnanspruch kommen, ohne daß die Regelung des § 656 BGB eingreifen konnte.

Da es in dieser Frage bisher an einer höchstrichterlichen Entscheidung fehlt, ist die rechtliche Beurteilung der Gerichte unterschiedlich. Z. T. werden beide Verträge als völlig selbständig gesehen und daher eine analoge Anwendung des § 656 Abs. II BGB abgelehnt. Als Argument wird angeführt, auch den sozial schwachen Heiratswilligen müsse die Möglichkeit der Inanspruchnahme der Dienste eines Ehemaklers offenstehen[79].

Anders entscheidet die wohl überwiegende Meinung. Grundsätzlich sei § 656 Abs. II BGB analog auf die Darlehensverbindlichkeit anwendbar. § 656 BGB verfolge nämlich den Zweck, dem Heiratswilligen ein Druckmittel gegen den Makler in die Hand zu geben, damit dieser wirklich tätig werde. Ferner — und das scheint zutreffender und in diesem Zusammenhang wesentlich — würde anderenfalls der erklärte Wille des Gesetzgebers umgangen[80], Prozesse wegen eingegangener Verbindlichkeiten zum Zwecke der Ehevermittlung zu verhindern[81]. Um aber einer

Anm. von *Löwe;* BGH NJW 1973 S. 452 (453) m. w. N.; 1975 S. 1317; 1976 S. 1093 (1094); 1979 S. 2511 (2512).

[79] AG Dortmund NJW 1970 S. 201 f. mit ablehnender Anm. von *Scheidle;* LG Konstanz NJW 1972 S. 1992 (1993); OLG Schleswig NJW 1974 S. 648; LG Bonn NJW 1974 S. 1566; OLG Hamburg MDR 1977 S. 403; *Gilles* JZ 1972 S. 381; *Thomas* NJW 1970 S. 741 ff.; *Schmidt-Salzer* JR 1972 S. 53 f.; *Finger* JZ 1979 S. 585 f.; *Amtrup* NJW 1971 S. 84 f., der allerdings die Folgen für die Heiratswilligen durch eine besondere Aufklärungspflicht für die Bank mildern will.

[80] Motive bei *Mugdan* II S. 1292 f.

[81] LG München NJW 1973 S. 1285; 1972 S. 2129 f. mit zust. Anm. von *Köbl;*

Ausweitung des gefundenen Grundsatzes entgegenzuwirken, wird wie beim finanzierten Abzahlungskauf die wirtschaftliche Einheit der Verträge für unentbehrlich gehalten[82].

Es wird hier nicht verkannt, daß anders als beim finanzierten Abzahlungskauf nicht ein sozialer Schutzzweck umgangen wird — es fällt schwer zu begründen, daß sich der Heiratswillige allein, weil er mit dem Makler eine derartige Vereinbarung trifft, in einer sozial wesentlich schwächeren Position als der Makler befindet. Beiden Fällen ist jedoch gemeinsam, daß durch Einschaltung einer dritten (juristischen) Person ein Gesetzeszweck vereitelt werden soll[83].

(3) Die Umgehung des AGBG

Weiter sei hier auf § 7 AGBG hingewiesen, der die Anwendung des AGBG zwingend vorschreibt, falls durch „anderweitige Gestaltungen" die Vorschriften des Gesetzes umgangen werden. Schon diese allgemeine Formulierung läßt auf einen weiten Anwendungsbereich schließen, so daß auch bei Beteiligung Dritter der soziale Schutz des AGBG gewährt werden kann. Heinrichs[84] führt als mögliches Beispiel die Benutzung von Formen des Vereins- oder Gesellschaftsrechts an, also denkt auch er an eine mögliche und zu verhindernde Umgehung durch Einbeziehung einer dritten (juristischen) Person in ein regelmäßig zweiseitiges, von AGB bestimmten Geschäfts.

cc) Vergleich mit der Dreiecksbeziehung im Lizenzfußball

Es soll nun der Versuch unternommen werden, die in den genannten Fällen gewonnenen Erkenntnisse — wenn möglich — auf den Fall des

---

AG Spandau JZ 1972 S. 403; LG Bremen NJW 1971 S. 101; LG Fulda NJW 1971 S. 2176; LG Düsseldorf NJW 1974 S. 1562 mit zust. Anm. von *Küfner;* LG Bielefeld MDR 1977 S. 404; *Scheidle* in Anm. zu AG Dortmund NJW 1970 S. 201; *Höbold* NJW 1970 S. 1869 f.

[82] Es soll hier nicht verschwiegen werden, daß auch der sozial schwache Heiratswillige zur Bezahlung des Maklers sich aus eigenem Antrieb ein Darlehen verschaffen könnte. Damit aber wäre dann auch nach der zweiten Ansicht die wirtschaftliche Einheit zerstört und § 656 Abs. II BGB nicht analog anwendbar.

[83] Andere vergleichbare Finanzierungsgeschäfte werden von der Rechtsprechung ähnlich behandelt: Kaufverträge über Unternehmen BGH BB 1978 S. 780 f.; Verträge über Fernlehrgänge OLG Düsseldorf NJW 1973 S. 1612 f.; LG Augsburg NJW 1973 S. 1704, 1972 S. 637 ff.; Leasing-Verträge BGH WM 1978 S. 570; *Staudinger / Emmerich* § 535 Vorb. 49 f. m. w. N.; finanzierte Arbeitnehmerbeteiligung BGH WM 1978 S. 1038 ff.

[84] *Palandt / Heinrichs* § 7 AGBG Anm. 2, zutreffend wird in Anm. 1 eine Parallele zum AbzG gezogen; vgl. vor Inkrafttreten des AGBG BGH 22 S. 90 (95), wo der Gewährleistungsausschluß für neue Waren durch Beteiligung eines Dritten als Umgehung eines zwingenden Rechtssatzes angesehen wird.

Lizenzfußballs zu übertragen[85]. Eine vertragliche Dreiecksbeziehung wurde in allen Fällen bereits festgestellt.

Die Vergleichbarkeit der Struktur sei hier trotz Kenntnis weitgehender Vergröberung derartiger Skizzen auch optisch verdeutlicht:

(1) Zwei getrennte Verträge

Zu untersuchen ist zunächst, ob die beim finanzierten Abzahlungskauf[86] als herrschend anzusehende Meinung[87], daß es sich bei der fraglichen Dreiecksbeziehung um zwei rechtlich selbständige und getrennte Verträge handelt, auch auf die Rechtsgeschäfte Lizenz- und Spielervertrag zutrifft.

Klatt ist hier nicht ganz deutlich. Einerseits spricht er vom Lizenzvertrag als „arbeitsrechtlichem Kontrollvertrag"[88], also wohl einer eigenständigen Vereinbarung, andererseits von einem Doppelarbeitsverhältnis zwischen Spieler auf der einen und DFB und Verein auf der anderen Seite, das er schon sprachlich nicht als das Bestehen zweier Arbeitsverhältnisse verstanden haben will[89]. Beachtenswert ist insoweit,

[85] Auf diese Art versucht auch die Rechtsprechung immer häufiger, die Gefahren vertraglicher Dreiecksbeziehungen für den sozial schwächsten Beteiligten abzuwenden, vgl. Fn. 102; im arbeitsrechtlichen Bereich wurden zu §§ 74 ff. HGB ohne nähere Erörterung in dieser Richtung Gedanken geäußert, *Schlegelberger / Schröder* Anm. 3 c zu § 74 HGB.

[86] Hier wird ein Vergleich vor allem an diesem Beispiel erörtert. Inwieweit Interessenlage und Lösungen auch in anderen vertraglichen Dreierbeziehungen ähnlich sind, wurde oben dargestellt, S. 40 ff.

[87] s. Fn. 71.

[88] *Klatt* S. 33 ff.

[89] Ders. S. 43.

daß bei den bekannten Fällen der Aufspaltung der Arbeitgeberfunktionen der Arbeitnehmer nur einen Arbeitsvertrag abschließt[90]. Dennoch scheint der Schluß erlaubt, daß Klatt zwar die Verträge als selbständig ansieht, aber glaubt, erst beide zusammen schaffen aus Arbeitnehmersicht ein Arbeitsverhältnis für den Spieler.

Wohl bewußt noch nebulöser sind die Ausführungen bei Buchner[91], der „zu überlegen (gibt), ob nicht ... für die arbeitsrechtliche Betrachtung DFB und Bundesligavereine als Einheit zu werten sind, ...“.

Als Begründung für die rechtliche Selbständigkeit der Verträge führt Möllers[92] für den finanzierten Abzahlungskauf an, daß sie „der Sache und der beteiligten Personen nach voneinander verschieden ... sind“. In der Tat scheint es konstruktiv kaum möglich, zwei Vereinbarungen, die von drei Personen im eigenen Namen geschlossen wurden[93], rechtlich als Einheit zu werten[94]. Eine Verbindung oder der Durchgriff einzelner Einwendungen kann daher überzeugend wohl nur durch die wirtschaftliche Betrachtungsweise unter der Berücksichtigung der gesetzlichen und gesetzesanwendenden Möglichkeiten und Methoden erfolgen. Auch in dem hier zu untersuchenden Fall sind daher Lizenzvertrag mit dem DFB und Spielervertrag mit dem Verein rechtlich zunächst getrennt und selbständig zu sehen. Eine Anwendung des Arbeitnehmerschutzes auch auf die Beziehung Spieler / DFB scheint daher nur möglich, wenn die Aufspaltung zu einer Umgehung dieser gesetzlichen Wohltat für den Arbeitnehmer führt und sich dem Spieler DFB und Verein als „einheitlicher Lebensvorgang“[95] zur Begründung eines Arbeitsverhältnisses darstellen.

(2) Die Struktur des DFB im Bereich des Lizenzfußballs

Um die Umgehungsproblematik in diesem Bereich zu verdeutlichen, sei hier kurz auf die durch die DFB-Satzung und das Lizenzspielerstatut mit der Regelung des Lizenzfußballs betrauten Gremien genauer eingegangen.

Zuständig für die Durchführung des Lizenzspielerstatuts und damit Maßnahmen wie Lizenzerteilung und -entziehung für die Spieler ist gem. § 14 Abs. II LSt. der Ligaausschuß. Dieser ist gem. § 15 LSt. wie folgt besetzt: Die Bundesligavereine wählen fünf Beisitzer und den

---

[90] s. o. 3 c) aa).

[91] *Buchner* NJW 1976 S. 2245.

[92] *Möllers* NJW 1967 S. 1783.

[93] Nicht etwa im Namen einer fiktiven Gesellschaft, was *Emmerich* JuS 1971 S. 278 ff. wohl annehmen müßte.

[94] A. A. die sogenannte Einheitstheorie, vgl. dazu u. III 3 c) cc) (3) (d).

[95] BGH 22 S. 90 (93.)

Vorsitzenden, die Versammlungen der Zweitligavereine der Gruppen Nord und Süd je zwei Beisitzer und einen stellvertretenden Vorsitzenden. Vertreter des Amateursports im DFB oder der Lizenzspieler gibt es im Ligaausschuß nicht. Speziell für den Lizenzentzug des Spielers, der gem. § 7 lit. b) des Spielervertrages die Beendigung des Arbeitsverhältnisses bewirken soll, bedeutet dies zum Beispiel, daß dieser zwar von der juristischen Person des eingetragenen Vereins DFB ausgesprochen wird, innerhalb des DFB aber ein Organ entscheidet[96], das ausschließlich mit Vertretern der Arbeitgeberseite besetzt ist.

Neben dem Ligaausschuß sind gem. § 5 RuVO auch die Rechtsorgane des DFB — Sport- und Bundesgericht — zur Verhängung von Sanktionen berechtigt. Diese Organe sind bei Verfahren gegen Lizenzspieler gem. §§ 38 Abs. IV und § 39 der Satzung mit fünf Mitgliedern besetzt, von denen einer ein Lizenzspieler ist. Die anderen Mitglieder werden gem. § 21 Abs. II lit. b) der Satzung vom DFB-Bundestag gewählt. In diesem gibt es gem. § 18 Abs. II lit. d) und e) zwar auch Vertreter der Lizenzvereine, doch soll nicht verschwiegen werden, daß ihr Stimmenanteil zahlenmäßig wesentlich geringer ist als der der Vertreter des Amateurfußballs, sprich der Landes- und Regionalverbände. Dabei aber ist zu berücksichtigen, daß der Einfluß der Bundesligavereine innerhalb ihrer Landesverbände, deren Mitglieder sie ja sind, nicht unterschätzt werden darf. Außerdem muß auf der anderen Seite klar erkannt werden, daß Vertreter der Lizenzspieler jedenfalls auf dem Bundestag nicht zu finden sind. Wenn man also vielleicht auch nicht behaupten darf, daß die Vertreter der Lizenzvereine letztlich die personale Zusammensetzung der DFB-Rechtsorgane bestimmen, so ist doch festzustellen, daß der Einfluß der Arbeitgeber auf die Auswahl der Mitglieder der Gerichte ganz wesentlich größer ist als der der Spieler.

Noch ein DFB-Gremium ist in diesem Zusammenhang wichtig: der Beirat. Zu seinen Aufgaben gehören Beschlüsse über die Fassung und Änderung des Lizenzspielerstatuts, er ist also gem. § 29 Abs. III der Satzung zuständig für die vereinsinterne Normsetzung im DFB, soweit es um die Regelung des Bundesligafußballs geht.

Die Zusammensetzung des Beirats ergibt sich aus § 28 in Verbindung mit § 30 und § 16 der Satzung. Danach sind auch in diesem Gremium zahlenmäßig die Vertreter der Lizenzvereine in der Minderzahl. Doch muß auch hier — und zwar in diesem kleineren Gremium noch mehr als auf dem Bundestag — der Einfluß der Vereinsvertreter auf die stimmberechtigten Mitglieder der Regionalverbände berücksichtigt werden. In der Praxis werden Fragen gem. § 29 Abs. III der Satzung — Fassung und Änderung des Lizenzspielerstatuts — fast immer im Sinne

[96] Vgl. § 14 Abs. II LSt.

der Lizenzvereine geklärt[97]. Zwar können diese Beiratsbeschlüsse vom Bundestag des DFB aufgehoben werden, doch ist kein solcher Fall bekannt. Die Billigung der Beiratsbeschlüsse durch den DFB-Bundestag ist daher als reine Formsache anzusehen. Außerdem ist zu berücksichtigen, daß der Bundestag regelmäßig nur alle zwei Jahre einberufen wird.

Insgesamt muß daher festgehalten werden: Die Regelung des Lizenzfußballs wird — auch wenn der DFB auf die Einheitlichkeit im Amateur- und Berufssport immer wieder hinweist — im DFB sehr weitgehend durch die Lizenzvereine bestimmt. Die von Ligaausschuß und Beirat getroffenen Entscheidungen wirken aber direkt auf das Arbeitsverhältnis der Spieler ein. Die allgemeine Problemstellung lautet also: Kann der Arbeitgeber den Arbeitnehmerschutz umgehen, wenn er sich hinter einer dritten juristischen Person „verschanzt", die er zumindest in den speziell arbeitsrechtlichen Fragen beherrscht, indem er seine Arbeitnehmer zwingt, mit dieser ein nicht als Arbeitsvertrag zu qualifizierendes Rechtsgeschäft zu schließen — § 7 Abs. I Satz 2 des Spielervertrages?

Dieses Problem wurde wohl vor allem wegen der historischen Entwicklung — erst gab es den DFB, dann den Lizenzfußball — nicht erkannt. Denkt man sich die Entwicklung aber — wie in den USA — umgekehrt, drängt sich diese Betrachtungsweise geradezu auf.

(3) Indizien für das Vorliegen eines einheitlichen Arbeitsverhältnisses im Lizenzfußball

Die Privatautonomie der Vertragsparteien (Bank / Verkäufer, hier DFB / Verein) kann nur dann eingeschränkt werden, wenn durch das geschaffene Dreiecksverhältnis bei wirtschaftlicher Betrachtung ein einheitliches Verhältnis vorliegt. Hier muß die Frage also so formuliert werden: liegt aus der Sicht des Spielers ein einheitliches Arbeitsverhältnis vor?

Es soll im folgenden versucht werden, im Dreiecksverhältnis des Lizenzfußballs ähnliche Indizien für ein einheitliches Arbeitsverhältnis zu finden, wie sie die Rechtsprechung für die Beurteilung eines einheitlichen wirtschaftlichen Verhältnisses beim finanzierten Abzahlungskauf als erforderlich ansieht[98].

---

[97] Dies wurde mir von allen darauf angesprochenen Vertretern des DFB bestätigt und deckt sich mit dem Ergebnis der Untersuchungen *Klatts* S. 17 f. und 39.

[98] s. o. Fn. 73 und 74.

(a) Gegenseitige Bezugnahme in Spielerlizenz- und Spielervertrag

Zunächst verlangt die Rechtsprechung, daß keiner der beiden — hier vom Spieler abzuschließenden — Verträge ohne das Zustandekommen des anderen geschlossen worden wäre, oder daß die beiden Verträge zumindest aufeinander Bezug nehmen[99].

In § 7 Abs. II Satz 2 des Spielervertrages heißt es: „Bedingung für die Wirksamkeit (dieses Vertrages) ist, daß dem Spieler ... die DFB-Lizenz als Lizenzspieler ... erteilt worden ist." Deutlich und ausdrücklich wird damit der Beginn des Vertragsverhältnisses Verein / Spieler von dem Abschluß eines Lizenzvertrages des Spielers abhängig gemacht. Wie wörtlich die Vereine dies nehmen, zeigt sich auch am Beispiel des dem Urteil des ArbG Gelsenkirchen zugrundeliegenden Sachverhalts[100]. Da in § 7 lit. b) des Spielervertrages auch die vorzeitige Beendigung dieses Vertrages bei Lizenzentzug durch den DFB vereinbart wurde, glaubte der Verein, ohne weitere eigene Kündigung aus den Vertragspflichten, insbesondere der Lohnzahlungspflicht, entlassen zu sein.

Die Bezugnahme des Spielerlizenzvertrages auf den Spielervertrag ist nicht so deutlich erkennbar, aber dennoch im gleichen Grade vorhanden. In § 2 Abs. I des Spielerlizenzvertrages wird festgelegt, daß der DFB „die Benutzungsvorschriften für die Vereinseinrichtung Bundesliga in seiner Satzung und seinen Ordnungen, insbesondere dem Lizenzspielerstatut ..." aufstellt. Gem. § 3 Abs. I des Vertrages wird der Spieler nochmals verpflichtet, die Vereinseinrichtung Bundesliga bzw. die Zweiten Ligen nur gem. der DFB-Satzung sowie seinen Ordnungen, insbesondere dem Lizenzspielerstatut zu benutzen. Das Lizenzspielerstatut, das somit in den Vertrag einbezogen wird[101], legt in § 12 die Voraussetzungen für die Lizenzerteilung, also den Abschluß des Lizenzvertrages fest. Dort heißt es: „Voraussetzung für den Abschluß des Lizenzvertrages (ist) — lit. a) ein schriftlicher Antrag des Spielers und Vorlage eines unter dem Vorbehalt der Lizenzerteilung abgeschlossenen Arbeitsvertrages mit einem Verein der Lizenzliga." Hier wird die Verzahnung der Verträge, die der Spieler abzuschließen hat, deutlich: Für die Wirksamkeit des Spielervertrages mit dem Verein ist ein Lizenzvertrag vonnöten, der aber wiederum vom DFB nur geschlossen wird, wenn zuvor ein Spielervertrag unter der aufschiebenden Bedingung der Lizenzerteilung vereinbart wurde. Danach ist klar erkennbar, daß beide Verträge für den Beginn eines Arbeitsverhältnisses erforderlich sind.

---

[99] BGH NJW 1954 S. 185 (187); BGH 47 S. 253 (255).

[100] ArbG Gelsenkirchen NJW 1977 S. 598.

[101] Zutreffend behandelt *Klatt* S. 68 es daher wie AGB, wobei allerdings eine analoge Anwendung des AGBG überflüssig ist, da es direkt angewendet werden kann.

(b) Die Bedeutung des einheitlichen Formulars

Als zweiter wichtiger Anhaltspunkt wird von der Rechtsprechung beim finanzierten Abzahlungskauf die Zusammenfassung der Verträge auf einem Formular gewertet[102]. Ein solcher Fall der Verbindung beider Verträge auf einem einheitlichen, vom Spieler zu unterzeichnenden Vordruck ist hier nicht gegeben. Sowohl für den Spieler- als auch für den Lizenzvertrag existiert ein eigenes Formular. Auch der BGH[103] führt jedoch aus, daß aus dem Fehlen von Umständen, die in der Regel auf das Vorliegen eines einheitlichen Verhältnisses hindeuten, nicht zwingend gefolgert werden kann, der erforderliche Zusammenhang zwischen beiden Verträgen bestehe nicht. Der innere Zusammenhang könne zwar bei Vorliegen dieser Tatsachen leichter erkannt werden, sie seien aber nicht erforderlich, um ihn bei einer Würdigung des Einzelfalles anzunehmen. Das Benutzen zweier Vertragsformulare spricht zwar zunächst optisch gegen das Bestehen eines einheitlichen Arbeitsverhältnisses, schließt dieses aber nicht aus — besonders dann nicht, wenn sie wie hier inhaltlich derart ineinandergreifen.

(c) Der Lizenzvertrag zwischen DFB und Verein als Rahmenvertrag

Weiteres Indiz für eine einheitliche Betrachtungsweise kann das Bestehen eines sogenannten Rahmenvertrages zwischen den beiden Personen sein, die durch Aufspaltung des vom Gesetzgeber als einheitlich gedachten Rechtsgeschäftes einen Gesetzeszweck zu umgehen trachten oder dies zumindest objektiv tun[104].

Ein solcher Rahmenvertrag, aufgrund dessen der eine Vertragsteil (Verein) beauftragt wäre, einen Vertrag mit dem Dritten (DFB) zu vermitteln, könnte im Lizenzvertrag zwischen DFB und Verein gesehen werden. In § 1 dieses Vertrages wird die Regelungsbefugnis des DFB für die Benutzung der Vereinseinrichtung Bundesliga festgelegt. Gem. § 2 des Vertrages erwirbt der Verein die außerordentliche Mitgliedschaft im DFB — vgl. auch § 6 Abs. III der Satzung. In § 3 des Lizenzvertrages erhält der Verein die „Erlaubnis, die Vereinseinrichtung gemäß den vom DFB ... jeweils festgelegten Benutzungsvorschriften ... zu benutzen“. Auch § 5 weist den Verein noch einmal ausdrücklich auf die Einhaltung der DFB-Regeln hin. In allen genannten Bestimmungen wird der Verein vor allem an das Lizenzspielerstatut gebunden, durch das in § 1 Abs. III festgelegt wird, daß Berufsspieler nur nach Lizenzie-

[102] BGH 47 S. 217 (220).
[103] BGH 47 S. 253 (256).
[104] BGH 37 S. 94 (101).

rung in der Bundesliga spielen dürfen. Darin kann eine Vereinbarung zwischen DFB und Verein gesehen werden, durch die der Verein verpflichtet wird darauf hinzuwirken, daß alle seine derzeitigen wie künftigen Spieler mit dem DFB einen Lizenzvertrag schließen[105].

Beim finanzierten Abzahlungskauf wird, falls ein Rahmenvertrag besteht, auch der Verkäufer regelmäßig durch Bürgschaft oder in anderer Weise dafür Sicherheit leisten müssen, daß der Darlehensrückzahlungsanspruch durch den Käufer erfüllt wird. Dem DFB als eingeschaltetem Dritten geht es hier um die Erfüllung anderer Pflichten durch die Spieler, nämlich die Einhaltung der aufgestellten Regeln. Dafür aber Sorge zu tragen, verpflichtet sich der Verein in § 5 lit. b) seines Lizenzvertrages mit dem DFB. Auch insoweit ist hier also eine Parallele zu sehen.

(d) Einheitliches Geschäft durch die Abschlüsse von Spielerlizenz- und Spielervertrag

Diese in Anlehnung an die entschiedenen Fälle und darin enthaltene Argumentation des BGH in etwas formaler Betrachtungsweise aufgezeigten Indizien für ein einheitliches Lebensverhältnis deuten bereits auf das Vorliegen eines einheitlichen Arbeitsverhältnisses der Spieler hin. Maßgeblich für die Annahme eines einheitlichen Lebensverhältnisses ist jedoch nach der Rechtsprechung neben oder auch anstelle solcher Indizien der innere Zusammenhang der hier vom Spieler getätigten Geschäfte[106]. Dieser ist dann gegeben, wenn sich aus seiner Sicht DFB und Verein als „Einheit" darstellen[107]. Dies muß dann der Fall sein, wenn bei einem regelmäßig zweiseitigen Vertrag eine Parteienposition von zwei Personen gehalten wird[108]. Typisches Beispiel dafür ist jedoch gerade die Aufspaltung der Arbeitgeberfunktionen. Eine solche liegt hier in einer ganz speziellen Ausprägung vor. Anders als in den anderen im Arbeitsrecht vergleichbaren Fällen[109] geht hier auf den DFB nämlich nicht das Direktionsrecht über. Dies liegt an der besonderen Interessenlage im Berufssport: Der Verband ist nicht an dem Einsatz und der Ausnutzung der Arbeitskraft des Arbeitnehmers des Vereins interessiert, er will zur Förderung des deutschen Fußballsports

---

[105] Dies ist abgesichert durch § 26 a LSt. Wegen dieser Bestimmung hat nämlich der Verein ein Eigeninteresse an der Lizenzierung des Spielers, da dieser nur dadurch die Erlaubnis erhält, sich für den Verein in der Bundesliga zu betätigen. Ohne diese Erlaubnis ist also der Spieler für den Verein wirtschaftlich wertlos — daher auch § 7 lit. b) des Spielervertrages.

[106] BGH 47 S. 253 (256); BGH NJW 1979 S. 2511.

[107] Vgl. BGH NJW 1971 S. 2303 (2306), der wie viele für den finanzierten Abzahlungskauf von der „wirtschaftlichen" Einheit spricht.

[108] Ausdruck und Beispiel in ArbG Gelsenkirchen NJW 1977 S. 598.

[109] s. o. 3 c) aa).

lediglich die einheitliche Beachtung der aufgestellten Regeln gewährleistet sehen. Diese Abweichung von den bisher erörterten Fällen sollte aber nicht über die grundsätzliche Vergleichbarkeit der Konstellationen hinwegtäuschen.

Entgegen der Rechtsprechung, die wie gezeigt von der rechtlichen Selbständigkeit der geschlossenen Verträge ausgeht, wird in der Literatur zunehmend versucht, die Rechtsgeschäfte nicht nur wirtschaftlich zu verknüpfen, sondern sie als Teile eines einheitlichen Rechtsgeschäftes zu begreifen[110].

Dabei wird z. T. das Problem der dreiseitigen Finanzierungsgeschäfte als ein solches der Inhaltskontrolle von Formularverträgen gesehen[111]. Da derartige Geschäfte rechtlich als einheitliches Vertragsgebilde sui generis, also als dreiseitiger Vertrag, anzusehen seien, stellten auf die Verselbständigung der Verträge abzielende Klauseln „materiell Freizeichnungsklauseln dar“[112], da sie unter Abbedingung der §§ 273, 320 BGB die Rechtsstellung einer Partei — die des Käufers beim B-Geschäft — verschlechterten. Diese Klauseln seien unwirksam. Zur Begründung werden soziale Erwägungen, wie sie für den Abzahlungskauf z. T. in §§ 1 bis 3 AbzG Ausdruck fanden (Vorleistungspflicht des Verkäufers, Unabdingbarkeit der Zug-um-Zug-Rückgewährung), genannt.

Dieser Lösungsversuch sagt jedoch letztlich nichts darüber aus, wann ein einheitliches dreiseitiges Rechtsverhältnis und wann zwei selbständige Verträge vorliegen. Mit dem Hinweis auf das heute mehr soziale Gesichtspunkte berücksichtigende Rechtsempfinden kann kein einheitliches Verhältnis begründet werden, wenn der Bank die Verwendung der Darlehenssumme unbekannt ist. Ausreichend ist nicht die Kenntnis der Bank, daß das Geld zur Befriedigung einer Kaufpreisschuld verwendet werden soll, da dies der wirtschaftliche Beweggrund der meisten Darlehensnehmer ist. Bevor über die Unwirksamkeit der „Trennungsklauseln“[113] entschieden werden kann, ist aber zu fragen, ob hier überhaupt ein Abzahlungskauf vorliegt, das AbzG also anwendbar ist.

Vollkommer ist zuzugeben, daß Ausgangspunkt möglicher einheitlicher Betrachtung mehrerer Verträge der gesetzlich normierte Sozialschutz sein sollte. Während nämlich das BGB grundsätzlich von der gleichstarken Verhandlungsposition der Vertragsparteien ausgeht, wird in einigen Nebengesetzen der bei bestimmten Vertragsgestaltungen vom Gesetzgeber als sozial schwächer Erkannte unabdingbar geschützt

---

[110] *Emmerich* JuS 1971 S. 278 ff.; *Vollkommer* in Festschr. Larenz S. 713; *Gernhuber* in Festschr. Larenz S. 470 ff. jeweils für das B-Geschäft.

[111] *Vollkommer* in Festschr. Larenz S. 708 f.

[112] *Ders.* S. 713.

[113] Für den Lizenzfußball vgl. § 11 Abs. I Satz 2 LSt.

(AbzG, AGBG, Arbeitnehmer- und Mieterschutzgesetze). Ob jedoch der so Geschützte gegenüber einem Dritten unzulässigerweise auf seinen Schutz, der ihm im zweiseitigen Verhältnis zustehen würde, verzichtet hat, kann wohl letztlich nur dadurch festgestellt werden, inwieweit dem Dritten die zwingende Bindung an den Sozialschutz billigerweise zumutbar ist[114].

Ähnlich scheint Gernhuber[115] den Austausch von Leistungen in vertraglich gestalteten Dreierbeziehungen zu erfassen, obwohl er eine allgemeine Morphologie des vertraglichen Verbundes mehrerer Rechtsgeschäfte derzeit noch für unmöglich hält[116]. Er sieht eine rechtliche Einheit als gegeben an, wenn die Beteiligten durch ihre gleichzeitigen vertraglichen Bindungen an den einen oder/und anderen Partner der Dreiecksbeziehung eine Disposition weitgehend ausgeschlossen haben. Dabei müssen entsprechende Vereinbarungen Vertragsinhalt geworden sein. Das Vertrauen eines Partners, der andere werde nur in einem bestimmten Sinne über die Leistung (z. B. Darlehensvaluta) verfügen, genügt nicht. Ob noch Dispositionsfreiheit vorliegt, soll anhand der Auslegung der getroffenen Vereinbarung ermittelt werden[117].

Hält man mangelnde Dispositionsmöglichkeiten für das entscheidende Kriterium, Sozialschutz auch zu gewähren[118], wenn entsprechende Normen formal nicht anwendbar scheinen, so muß dies insbesondere auch für den Bereich des Arbeitnehmerschutzes gelten. Allein die Tatsache, daß der Gesetzgeber entsprechende Normen geschaffen hat, zeigt die auf tatsächlichen Gegebenheiten beruhende geringe Freiheit des Arbeitnehmers hinsichtlich der Ausgestaltung entsprechender Verträge. Wird der Arbeitnehmer zur Aufnahme der Arbeit gezwungen, mit einem Dritten einen weiteren Vertrag zu schließen, wodurch der Dritte berechtigt ist, direkt auf das Arbeitsverhältnis einzuwirken, so darf der Sozialschutz nicht verlorengehen. Dabei ist weiter zu berücksichtigen, daß im Lizenzfußball der DFB als faktischer Monopolist der einzige Dritte ist, mit dem derartige Vereinbarungen getroffen werden können. Dem Spieler, der berufsmäßig seine Arbeitskraft verwerten will, bleibt also keine andere Möglichkeit, als die dort von zwei Personen gestellten Bestimmungen zu akzeptieren. Da sogar der DFB anerkennt, mit seinen Maß-

---

[114] Daß dieser Sozialschutzgedanke bei der finanzierten Ehemäkelei nicht eingreift, dürfte der Hauptgrund für die Streitigkeiten in diesem Bereich sein, s. o. III 3 c) bb) (2).

[115] *Gernhuber* in Festschr. Larenz S. 455 ff.

[116] *Ders.* S. 471.

[117] *Ders.* S. 472 ff.

[118] Sozialgesetze im zivilrechtlichen Bereich sind oft Ausdruck dieser gesetzgeberischen Intention, vgl. Begründung zum Regierungsentwurf des AGBG, BT-Drucks. VII 3919 S. 9; *Schmude* in Festschr. Ballerstedt S. 493.

nahmen in ein bestehendes Arbeitsverhältnis einzuwirken[119], erscheint in Einzelfällen die Anwendung des Arbeitnehmerschutzrechtes gegenüber dem DFB durchaus zumutbar[120].

d) Folgerungen für die Anwendbarkeit des Arbeitsrechts gegenüber dem DFB

Als Ergebnis der bisherigen Untersuchung kann daher festgehalten werden, daß der DFB grundsätzlich auch bei Maßnahmen gegen Spieler nicht das Arbeitsrecht zu beachten hat. Dies gilt insbesondere dort, wo er Entscheidungen auf rein sportlichem Gebiet trifft oder z. B. durch Schiedsrichter treffen läßt. Der DFB muß Arbeitnehmerschutz aber insoweit berücksichtigen, als er mit seinen Maßnahmen gegen Spieler direkt auf deren Arbeitsverhältnis mit den Vereinen einwirkt, wie dies insbesondere bei Sanktionen der Fall ist.

---

119 § 10 LSt.: „Lizenzspieler sind Arbeitnehmer ... eines vom DFB lizensierten Vereins."

120 Dieses Kriterium will auch *Lieb* in anderen Fällen für die Anwendbarkeit des Arbeitnehmerschutzrechts beachtet wissen, RdA 1975 S. 52.

IV. Der Lizenzentzug des Spielers

Besonders nach den Bestechungsfällen der Bundesligasaison 1970/71, bei denen Spiele ge- und verkauft wurden[1], entbrannte eine lebhafte Diskussion um die Rechtmäßigkeit der Entziehung von Spielerlizenzen durch den DFB. Das Reizwort des Berufsverbotes stand im Raum und spiegelte entfachte Emotionen wider. Daran wieder entzündete sich Streit, ob dieser Begriff im Zivilrecht überhaupt brauchbar und zulässig sei oder ob er nicht vielmehr allein dem öffentlichen Recht vorbehalten bleiben müsse[2].

1. Wirkungen des Lizenzentzuges

Um die Bedeutung des Lizenzentzuges durch den DFB für den Spieler zu erkennen, seien hier zunächst die mit ihm beabsichtigten Wirkungen aufgezeigt.

Durch den Lizenzvertrag erhält der Spieler die Erlaubnis, die DFB-Vereinseinrichtung Bundesliga zu benutzen. Folglich verliert er diese Erlaubnis mit Lizenzentzug. Damit aber nicht genug. Gem. § 7 lit. b) des vom DFB entworfenen und von allen Vereinen ohne wesentliche Abweichungen benutzten Mustervertrages soll ein Lizenzentzug auch den Arbeitsvertrag des Spielers mit dem Verein beenden[3].

Für die Zukunft wirkt der Lizenzentzug als Hindernis, den Beruf weiterhin bei einem Arbeitgeber im Bereich des DFB und wegen der Vermittlungsbestimmungen der FIFA überhaupt auszuüben. Er ist nämlich als lebenslängliche Sportstrafe gedacht, und deshalb soll bei schweren Verstößen der Spieler auch nicht erneut eine Lizenz erhalten. Diese Wirkungen des Lizenzentzuges als Zulassungssperre sollen im Rahmen des Art. 12 GG[4] erörtert werden[5].

---

[1] Vgl. *Rauball*, Aktuelle Dokumente zum Bundesligaskandal.

[2] So *Schlosser* S. 65 f.

[3] Dagegen ArbG Gelsenkirchen NJW 1977 S. 598.

[4] s. u. 6.

[5] Diese unmittelbaren Auswirkungen verkennt *Bruder*, wenn er den Lizenzentzug nur als einem Verbandsausschluß entsprechend ansieht, MDR 1973 S. 897.

2. Rechtsgrundlagen für den Lizenzentzug

Der DFB hat sich in der Ausformulierung des vom Spieler abzuschließenden Lizenzvertrages mehrere Wege eröffnet, über die er einen Lizenzentzug begründen kann. Die mehrfache Absicherung dieser wie anderer Sanktionen scheint Ausdruck einer gewissen Unsicherheit über die Zulässigkeit derartiger Maßnahmen zu sein.

Gem. § 2 des Lizenzvertrages des Spielers, der in § 3 Abs. I z. T. etwas allgemeiner wiederholt wird, unterwirft sich der Spieler der Satzung und den Ordnungen des DFB, sowie den aufgrund dieser Regelungen erlassenen Maßnahmen. Somit wird durch den Vertrag die Vereinsgewalt des DFB auf den Spieler als Nichtmitglied erstreckt.

In § 3 Abs. II des Vertrages werden die bereits in § 2 Abs. II als Vereinsstrafen bezeichneten Sanktionen noch einmal als Vertragsstrafen vereinbart. Dabei soll der DFB gegebenenfalls gem. § 315 BGB die Vertragsstrafe nach seinem Ermessen festsetzen können.

3. Rechtsnatur des Lizenzentzuges

Da es, wie gezeigt, bereits nach den vom DFB vorformulierten Verträgen mehrere Möglichkeiten der Einordnung des Lizenzentzuges gibt, stellt sich die Frage, als was er zu begreifen ist.

a) Rechtsnatur der DFB-Sanktionen im allgemeinen

Zunächst ist zu klären, ob es im Rahmen der Privatautonomie überhaupt möglich ist, Vereins(straf)gewalt auf Nichtmitglieder zu erstrekken. Dies wurde bisher im Ergebnis — soweit ersichtlich — allgemein bejaht[6], wenn auch für den Fall des Bundesligafußballs die rechtliche Einordnung der aufgrund dieser Vereinbarung einseitig festgesetzten Maßnahmen unterschiedlich war. Z. T. wird dies als Festsetzung einer Vereinsstrafe angesehen[7], z. T. zwar die äußere Form als Vertragsstrafe betont, tatsächlich aber und ihrer Funktion nach handele es sich um Strafen mit vereinsrechtlichem Charakter[8], da „die Spieler ... nicht Außenstehende, sondern typische Gruppenmitglieder sind, die (nur) im Zuge gewisser organisationsrechtlicher Zufälligkeiten nicht Mitglieder des Dachverbandes wurden“[9].

---

[6] *Lukes* in Festschr. H. Westermann S. 344 ff. m. w. N.; *H.-P. Westermann* JZ 1972 S. 539; a. A. nur OLG Frankfurt NJW 1973 S. 2208 ff. mit insoweit abl. Anm. von *H.-P. Westermann;* überzeugend widerlegt auch durch *Lukes* S. 341 f.; vgl. auch BGH 29 S. 352 ff., wo die Strafe eines Spediteurvereins auch gegen den Gesellschafter einer Mitglieds-OHG anerkannt wurde, obwohl dieser selbst nicht Mitglied des Vereins war.

[7] *Baumann* S. 43 ff.; *Ernst* S. 146 ff.; *Reiß* S. 52 f.

[8] *Preis,* Der Lizenzspieler, S. 81; *ders.* DB 1971 S. 1573 f.

Für den hier zu behandelnden Themenbereich hat zuletzt Klatt[10] deutlich gemacht, daß es sich bei vertraglich vereinbarter Einbeziehung von Sanktionen, selbst wenn dabei auf eine Vereinssatzung Bezug genommen wird, nur um Vertragsstrafen handeln kann. Vereinsstrafen können nur in einem vereinsrechtlichen Verhältnis[11] ausgesprochen werden[12]. Dem ist zuzustimmen.

Ob damit allerdings bereits die Rechtsnatur des Lizenzentzuges als Vertragsstrafe festgelegt ist, erscheint angesichts der gewollten Einwirkung auf ein bestehendes Arbeitsverhältnis noch nicht ganz geklärt. Disziplinierung — hauptsächlich diesem Zweck sollen DFB-Sanktionen dienen — wird im Arbeitsverhältnis nämlich in der Regel durch die Verhängung einer Betriebsbuße erreicht. Dabei werden zur Betriebsbuße unterschiedliche theoretische Ansätze vertreten, die z. T. zur Ablehnung des Vertragsstrafencharakters führen[13]. Voraussetzung ist für diese Ansichten jedoch — hauptsächlich die sogenannte Satzungstheorie, daß die Befugnis zum Ausspruch von Sanktionen nicht allein aufgrund eines (Arbeits-)Vertrages gegeben ist, sondern die fraglichen Maßnahmen zunächst zusätzlich Gegenstand eines Tarifvertrages oder einer Betriebsvereinbarung sind. Im Bereich des deutschen Profifußballs gibt es aber weder einen Tarifvertrag noch eine Betriebsvereinbarung, an die der DFB gebunden wäre. Somit kommt derzeit als Grundlage für die Sanktionsberechtigung des DFB nur der Spielerlizenzvertrag in Betracht; womit allerdings nicht gesagt sein soll, daß dieses Ergebnis auch für die Zukunft unbedingte Gültigkeit beansprucht[14].

Nach richtiger Ansicht stellen sich daher DFB-Sanktionen als Vertragsstrafen im Sinne des § 343 BGB dar, da sie gegen den Spieler im Falle eines Verstoßes gegen seine Leistungspflichten aus § 3 seines Lizenzvertrages — Einhaltung der DFB-Regelungen und des allgemeinen Fair-Play-Gebotes[15] — zur Regulierung des dadurch entstandenen immateriellen Schadens des DFB verhängt werden bzw. verwirklicht sind[16].

[9] *H.-P. Westermann* S. 38; nur aufgrund dieses Ansatzes erkennt Westermann ein Konkurrenzproblem zwischen Vereins- (§ 2 des Lizenzvertrages) und Vertragsstrafen (§ 3 des Vertrages).

[10] *Klatt* S. 99 f. m. w. N.; so auch *Horschitz* NJW 1973 S. 1959 Fn. 16; *K.-H. Schmidt* RdA 1972 S. 93.

[11] Dies liegt hier nicht vor, s. o. III.

[12] BGH 21 S. 370 (372); 36 S. 105 (109).

[13] *Galperin* BB 1970 S. 936; *Harbeck* AuR 1971 S. 173 ff.; *Neumann* RdA 1968 S. 252; *Kammann* DB 1969 S. 2153; GK-*Wiese* § 87 BetrVG Anm. 63; *Fitting / Auffarth / Kaiser* § 87 BetrVG Anm. 18.

[14] Dazu s. u. VIII.

[15] Vgl. dazu *Preis*, Der Lizenzspieler, S. 70 ff.

[16] *H.-P. Westermann* S. 32; *Lukes* in Festschr. H. Westermann S. 332 ff.; *Palandt / Heinrichs* § 339 BGB Vorb. 1 a, wo betont wird, daß durch Ver-

b) Besonderheiten des Lizenzentzuges

Speziell für den Lizenzentzug ist aber zu untersuchen, ob die Beendigung des auf Dauer angelegten Arbeitsverhältnisses als Vertragsstrafe anerkannt werden kann. Dies muß entgegen einer vereinzelt gebliebenen Entscheidung des RAG[17] entschieden verneint werden.

Zunächst ist § 342 BGB zu entnehmen, daß es sich bei Vertragsstrafen immer um Leistungen handeln muß. Eine Leistung kann gem. § 241 Satz 2 BGB auch in einem Unterlassen oder Dulden bestehen[18]. Aber sollte man den Verzicht des Arbeitnehmers auf Geltendmachung der Ansprüche auf Lohn und Beschäftigung[19] als seine Leistung an den Arbeitgeber sehen, möglicherweise als Erlaß oder Duldung der Kündigung[20]?

c) Der Spielerlizenzentzug als auflösende Bedingung

Vergegenwärtigt man sich noch einmal die Konstruktion, mit Hilfe derer der Lizenzentzug unmittelbar das Arbeitsverhältnis beenden soll, so liegt eine andere Lösung näher. Gem. § 7 lit. b) des Spielervertrages soll die Wirkung dieses Arbeitsvertrages mit dem Spielerlizenzentzug sofort beendet sein. Der Gedanke an eine auflösende Bedingung liegt daher nahe[21].

aa) Zur generellen Zulässigkeit des auflösend bedingten Arbeitsvertrages

Neben anderen Möglichkeiten der Beendigung des Arbeitsverhältnisses wurde bis vor kurzem noch unwidersprochen der Eintritt einer auflösenden Bedingung anerkannt[22]. Die Vereinbarung der auflösenden Bedingung sei ein Unterfall der möglichen Befristung eines Arbeitsverhältnisses[23] und daher auch nur unter der einschränkenden Voraussetzung eines sachlichen Grundes möglich[24].

---

tragsstrafen grundsätzlich Verbindlichkeiten jeder Art gesichert werden können; a. A. wegen seines vereinsrechtlichen Ansatzes *Baumann* S. 36 f.

[17] RAG 10 S. 489 (492 ff.) mit abl. Anm. von *Flatow*.

[18] Zutreffender Hinweis bei *Horschitz* NJW 1973 S. 1959.

[19] *Palandt / Putzo* § 611 BGB Anm. 10 b nennt letzteren gerade bei Berufssportlern.

[20] So muß aber wohl *Klatt* S. 100 f. verstanden werden.

[21] *Palandt / Putzo* § 620 BGB Vorb. 1 b ff.; vgl. auch *Falkenberg* DB 1979 S. 590.

[22] BAG AP Nr. 2, 3 zu § 620 BGB-Bedingung; *Hueck / Nipperdey* § 63, 1 Fn. 2 S. 624; *A. Hueck* in Anm. zu BAG AP Nr. 2 zu § 620 BGB-Bedingung.

[23] *A. Hueck* in Anm. zu BAG AP Nr. 2 zu § 620 BGB-Bedingung.

[24] BAG AP Nr. 2 zu § 620 BGB-Bedingung.

Genauer betrachtet bestanden auch hier bereits Vorbehalte gegen eine derartige Beendigung des Arbeitsverhältnisses. So verlangte das BAG[25] die objektive Feststellbarkeit des Bedingungseintritts[26], weil der Arbeitnehmer genau erkennen können müsse, ob das Arbeitsverhältnis bestehe oder nicht[27]. Durch die Vereinbarung einer auflösenden Bedingung dürften keine zusätzlichen wichtigen Gründe i. S. d. § 626 BGB vereinbart werden[28]. Ferner dürfe der Arbeitnehmer nicht vorzeitig mit der Vereinbarung der auflösenden Bedingung auf seinen Kündigungsschutz verzichten[29].

Insbesondere in der letzten Einschränkung scheint ein gewisses Unbehagen über die mit den vorherigen Entscheidungen eingeräumte grundsätzliche Möglichkeit der auflösenden Bedingung in Arbeitsverträgen zum Ausdruck zu kommen. Da mit dem Bedingungseintritt das Arbeitsverhältnis sofort beendet sein soll, wird der Arbeitnehmer mit einer derartigen Vereinbarung regelmäßig auf den Kündigungsschutz für bestimmte Fälle im voraus verzichtet haben.

Neuerdings wird vereinzelt die Vereinbarung einer auflösenden Bedingung in Arbeitsverhältnissen generell für unzulässig gehalten[30]. Anders als bei befristeten Arbeitsverträgen könne der Arbeitnehmer die Beendigung des Arbeitsverhältnisses hierbei nicht beeinflussen und sich also nicht darauf einstellen[31]. Dies sei mit der vor allem in den §§ 620 ff. BGB und dem KSchG anerkannten sozialen Risikoverteilung nicht vereinbar[32]. Die Vereinbarung der auflösenden Bedingung sei daher eine Umgehung des Kündigungsschutzrechtes[33].

Letzterem ist zuzustimmen. Die Unzulässigkeit der auflösenden Bedingung in Arbeitsverträgen ist auch nicht nur auf den Fall der vom Ermessen des Arbeitgebers abhängigen Potestativbedingung zu beschränken[34]. Die Rechtmäßigkeit davon abhängig zu machen, ob der Arbeitnehmer den Bedingungseintritt schuldhaft verursacht habe oder nicht, scheint ebenfalls unzulässig, weil nach der eindeutigen Aussage des § 626 BGB durch ein schuldhaftes Verhalten ein Arbeitsverhältnis

---

[25] BAG AP Nr. 1 zu § 620 BGB-Bedingung, allerdings für einen aufschiebend bedingten Auflösungsvertrag, doch dürfte insoweit der konstruktive Unterschied zu vernachlässigen sein.

[26] Ebenso *Hueck / Nipperdey* § 63, 1 S. 624; *Kauffmann* DB 1959 S. 1012 m. w.N.

[27] BAG AP Nr. 3 zu § 620 BGB-Bedingung.

[28] s. Fn. 27.

[29] s. Fn. 27.

[30] *Zöllner* § 21 I 3 a S. 161; *Falkenberg* DB 1979 S. 591.

[31] *Falkenberg* DB 1979 S. 591.

[32] *Zöllner* § 21 I 3 a S. 161.

[33] *Falkenberg* DB 1979 S. 591.

[34] *Kauffmann* DB 1951 S. 1012.

nur dann sofort beendet werden kann, wenn dadurch zugleich ein wichtiger Grund dafür gegeben ist. Überhaupt erscheint es zweifelhaft, ob bei der Prüfung der Wirksamkeit einer derartigen Vereinbarung die Frage nach dem Vertretenmüssen des späteren Bedingungseintritts überhaupt Berücksichtigung finden kann.

bb) Die Wirksamkeit des § 7 lit. b) des Spielervertrages

Sieht man in der Vereinbarung, daß mit dem Lizenzentzug für den Spieler auch das Arbeitsverhältnis beendet ist, eine auflösende Bedingung, so ergibt sich nach der hier vertretenen Ansicht die Unwirksamkeit des § 7 lit. b) des Spielervertrages unmittelbar.

Diesem Ergebnis sollte aber auch die h. M. in Literatur und Rechtsprechung zustimmen können. Es wird eine derartige Vereinbarung dann für unwirksam gehalten, wenn dem Arbeitgeber damit das Recht eingeräumt wird, den Bedingungseintritt willkürlich zu bestimmen[35]. Hier trifft die Entscheidung über den Lizenzentzug der DFB[36], wenn z. B. ein schwerer Fall unsportlichen Verhaltens vorliegt — § 5 Abs. III i. V. m. § 5 Abs. I RuVO. Bei einer derart generalklauselartigen Bestimmung wird von einem vom Spieler objektiv feststellbaren Verstoß seinerseits, der zum Lizenzentzug führt, kaum die Rede sein können. Dann aber kann es auch keine Rolle mehr spielen, ob der Arbeitgeber den Bedingungseintritt willensabhängig herbeiführt oder ob er das Recht, den Spieler als untauglichen Arbeitnehmer in diesem Bereich zu beurteilen, für sich selbst verbindlich auf einen Dritten übertragen hat. Jedenfalls der Dritte — DFB — beendet hier mit einer willensabhängigen Entscheidung das Arbeitsverhältnis. Im Fall des Lizenzfußballs muß zudem die personelle Verflechtung von Arbeitgebern und DFB berücksichtigt werden[37]. Hier müßte wohl auch die h. M. eine nicht anzuerkennende Umgehungsmöglichkeit des Kündigungsrechts anerkennen.

Ferner ist auch hier ein vorzeitiger Verzicht auf den Kündigungsschutz anzunehmen. Allein die Tatsache des — möglicherweise unberechtigten — Lizenzentzuges durch ein DFB-Gremium soll hier den Spielervertrag unter Ausschluß des Kündigungsschutzrechts bereits beenden.

Das BAG[38] verlangt zusätzlich, daß der Arbeitgeber zur Wahrung seiner Rechtsposition auf eine derartige Vertragsgestaltung angewiesen

---

[35] BAG AP Nr. 1 zu § 620 BGB-Bedingung; *Kauffmann* DB 1951 S. 1012.

[36] Auf den Einfluß der Arbeitgeber auf den Verband wurde bereits hingewiesen, s. o. III 3 c) cc) (2).

[37] s. Fn. 36.

[38] BAG AP Nr. 3 zu § 620 BGB-Bedingung.

ist. Hier steht dem Verein ohne diese aber genauso die Möglichkeit der fristlosen Kündigung offen.

Wichtig ist in diesem Zusammenhang auch, daß das BAG[39] selbst auf die Tendenz im neueren Arbeitsrecht hinweist, „zum Rechtsverlust führende Strafsanktionen einzuschränken". Da der Lizenzentzug zweifellos Disziplinierungsfunktion hat, lassen sich hinsichtlich seiner durch eine Bedingungsvereinbarung unmittelbar eintretenden arbeitsvertraglichen Wirkungen ebenfalls erhebliche Bedenken anmelden.

Wäre also in § 7 lit. b) des Spielervertrages die Vereinbarung einer Bedingung zu sehen, so wäre dies unwirksam.

d) Der Lizenzentzug als Kündigung des Arbeitsvertrages

Es bleibt jedoch gerade unter Berücksichtigung der Bedenken wegen der Umgehung des Kündigungsschutzes eine konstruktive Möglichkeit, eine Beendigung des Arbeitsvertrages durch den Lizenzentzug anzuerkennen. Man könnte in der entsprechenden Erklärung des DFB eine Kündigung des Arbeitsvertrages sehen.

Bisher wurde die Sonderstellung des Lizenzentzuges bei den Sanktionsmöglichkeiten des DFB bereits erkannt. Das entsprechende Rechtsgeschäft — nur so ist die rechtserhebliche Erklärung des Privatrechtssubjektes DFB anzusehen — wurde auch bereits als Kündigung angesehen, allerdings nur als Kündigung des Lizenzvertrages mit dem Spieler[40]. Klatt[41], der den DFB als Arbeitgeber der Spieler ansieht, muß wohl dahingehend verstanden werden, daß er im Lizenzentzug unmittelbar eine Kündigung des Arbeitsverhältnisses sieht. Dies erscheint zumindest nach seinem Ansatz konsequent[42].

Hier erhebt sich zunächst die Frage, ob ein Dritter ein Arbeitsverhältnis kündigen kann. Daß auch Dritte bestimmte, gewöhnlich dem Arbeitgeber zustehende Rechte ausüben können, ist nichts grundsätzlich Neues. So nimmt der Entleiher beim sogenannten echten Leiharbeitsverhältnis im wesentlichen das Direktionsrecht wahr[43]. Allerdings ist der Fall der Kündigung durch einen Dritten bisher nicht bekannt.

---

[39] BAG AP Nr. 3 zu § 620 BGB-Bedingung; vgl. Streichung des § 7 Abs. IV BUrlG u. a.

[40] *H.-P. Westermann* S. 97.

[41] *Klatt* S. 135 ff.; etwas vorsichtiger formuliert er allerdings auf S. 61, wo er den Lizenzentzug als Kündigung des arbeitsrechtlichen Verhältnisses bezeichnet; auch auf S. 102, wo er nur von der Kündigung des arbeitsrechtlichen Kontrollvertrages spricht.

[42] s. o. III 2 a).

[43] Vgl. *Kindereit* AuR/1971 S. 327; *Mayer-Maly* ZfA 1972 S. 21 ff.; *Ramm* ZfA 1973 S. 275 ff.; Überblick bei *Zöllner* § 27 III S. 218 f.

Ein Dritter kann ein Recht aus einem Vertrag in der Regel nur nach Übertragung i. S. d. §§ 398 ff. BGB ausüben[44].

Das Kündigungsrecht ist ein unselbständiges Gestaltungsrecht. Unselbständig, weil es an das Bestehen der Hauptverbindlichkeit aus dem Arbeitsvertrag gebunden ist. Z. T. wird es als unselbständiges Gestaltungsrecht ohne höchstpersönlichen Charakter gesehen[45], eine Übertragbarkeit sei daher mit wenigstens einem Teil der vertraglichen Hauptforderung, mit der es wesensmäßig verbunden ist, möglich. Weitergehend wird für eine Ausübung des Rechts durch einen Dritten z. T. sogar ein gemeinsames Geltendmachen durch den Zessionar und die alte Vertragspartei verlangt[46]. Da der DFB aufgrund des Lizenzvertrages weder die Arbeitsleistung des Spielers verlangen noch gar als Arbeitgeber auftreten kann und will, wäre nach beiden Ansichten ein Lizenzentzug mit den Wirkungen einer Kündigung unwirksam[47]. Der Frage der Ausübung des Kündigungsrechts durch einen Dritten soll im folgenden genauer untersucht werden.

aa) Der Schutz des Arbeitgebers vor der Kündigungsbefugnis eines Dritten

In seiner Entscheidung zum Lizenzentzug betont das Arbeitsgericht Gelsenkirchen[48], daß das Kündigungsrecht nicht zu Lasten des Arbeitgebers erweitert oder beschränkt werden darf. Dies sei Ausfluß der durch Art. 2 GG geschützten allgemeinen Handlungsfreiheit des Arbeitgebers.

Diese These gibt zu Zweifeln Anlaß. Es muß berücksichtigt werden, daß der Arbeitgeber in aller Regel ein starkes Interesse hat, sich von den Dauerrechtsverhältnissen mit seinen Arbeitnehmern jederzeit lösen zu können. Aufgrund der Arbeitsverhältnisse ist er über den Rahmen des üblichen Synallagma von Dienstleistung gegen Lohn durch die zwingenden Arbeitnehmerschutzgesetze ganz erheblich belastet. Es ist daher sicher dem ArbG Gelsenkirchen insoweit zuzustimmen, als der Arbeitgeber nicht völlig auf sein Recht zur Kündigung verzichten kann. Damit hätte er gänzlich die Dispositionsmöglichkeit über die Fortsetzung der Dauerrechtsbeziehung verloren.

---

44 Auf die merkwürdigen Ausnahmen der §§ 1059, 1092 BGB sei hier nicht näher eingegangen.

45 *Larenz,* Allgemeiner Teil, § 13 I S. 176; *Palandt / Heinrichs* § 413 BGB Anm. 1 c cc).

46 *Larenz,* Schuldrecht — Allgemeiner Teil, § 34 VI S. 485.

47 So ohne diese Begründung das ArbG Gelsenkirchen NJW 1977 S. 598 (599).

48 ArbG Gelsenkirchen NJW 1977 S. 598 (599).

So aber liegt der Fall im Lizenzfußball nicht. Trotz der Möglichkeit des Lizenzentzuges für den Spieler soll weiterhin das Recht des Vereins bestehen, den Arbeitsvertrag mit dem Spieler durch ordentliche oder außerordentliche Kündigung zu beenden. Selbst in einem Fall grober Unsportlichkeit, die vom DFB nicht mit Lizenzentzug geahndet wurde, soll dem Verein das Kündigungsrecht verbleiben — § 7 Abs. IV lit. c) des Spielervertrages.

Andererseits ist dem Verein die Fortsetzung des Spielervertrages bei Lizenzentzug gem. § 5 a der Satzung[49] unmöglich. Die Unmöglichkeit der Fortsetzung des Dauerrechtsverhältnisses wegen vertraglicher Bindungen[50] kann jedoch angesichts des Art. 2 GG erheblich eher hingenommen werden als die Notwendigkeit der belastenden Fortsetzung einer solchen Beziehung. Dabei ist zu berücksichtigen, daß auch der Verzicht auf Rechtspositionen im Rahmen der Vertragsfreiheit generell über §§ 242, 305 BGB und über Art. 2 GG geschützt ist.

Hier muß ferner auf die besondere Interessenlage zwischen DFB und Verein eingegangen werden. Während der DFB auf die Förderung des deutschen Fußballs — hier insbesondere des Spitzensports — unter Beachtung der geltenden und von den Vereinen und Spielern vertraglich anerkannten Regeln bedacht ist, wollen die Vereine innerhalb dieser Regeln möglichst große sportliche und damit finanzielle Erfolge erzielen. Dabei aber geraten die Vereine in einen Zielkonflikt, wenn z. B. ihr bester Spieler oder gar gleich mehrere in derart grober Weise gegen die sportlichen Regeln verstoßen, die einzuhalten sie sich gem. § 1 des Spielervertrages auch gegenüber dem Verein verpflichtet haben, daß eine fristlose Kündigung gem. § 626 BGB gerechtfertigt wäre[51]. Denn auch der Verein ist gem. §§ 1 und 2 seines Lizenzvertrages mit dem DFB zur Einhaltung der DFB-Regeln verpflichtet. Gem. § 5 lit. b) dieses Vertrages hat er sich weiterhin insbesondere verpflichtet, für die Einhaltung dieser Regelungen durch die bei ihm angestellten Spieler Sorge zu tragen.

Der Regelverstoß ist für die Vereine meistens wesentlich leichter zu verkraften als die Kündigung eines Leistungsträgers innerhalb der Mannschaft, sie werden sich deshalb nur schwerlich zu diesem Schritt entschließen. Dies wiederum kann aber im Interesse des DFB und der anderen Vereine als dessen außerordentliche Mitglieder — § 6 Abs. III der Satzung — sowie der anderen Spieler erforderlich sein. Ein Fußballspieler, der z. B. Spielausgänge manipuliert und weiterhin — mög-

[49] § 5 a der Satzung lautet: „Ein Fußballspieler, der den Fußballsport mit vertraglicher Bindung gegen Entgelt ausübt, bedarf hierzu einer Lizenz."

[50] Der Verein hat in seinem Lizenzvertrag die Geltung der DFB-Satzung anerkannt.

[51] s. Fn. 66 in III.

licherweise sanktionslos — spielt, kann das Ansehen des gesamten deutschen Fußballs derart beeinträchtigen, daß erhebliche Zuschauerrückgänge zu befürchten sind. Man muß deutlich erkennen, daß für den Arbeitgeber (Verein) im Berufsfußball ein sauberer Konkurrenzkampf nicht wie in anderen Wirtschaftszweigen für die Preisgestaltung und Produktoptimierung interessant und wichtig ist, er ist hier geradezu lebenswichtig für das Bestehen der Lizenzvereine überhaupt. Berufssport ohne Konkurrenzkampf nach bestimmten Regeln ist jedenfalls beim Kampfspiel Fußball völlig undenkbar. Regeln aber, deren Einhaltung nicht überwacht wird, gegen die ohne Angst vor Sanktionen verstoßen werden kann, sind völlig nutzlos.

Es gibt neben der abzulehnenden Bedingungsthese[52] daher drei Möglichkeiten für den DFB und die in ihm organisierten anderen Lizenzvereine[53], sich bei besonders gravierenden Regelverstößen durch die Spieler im sportlichen Bereich gegenüber den betroffenen, nicht kündigungswilligen Vereinen zu schützen:

1. Die Vereine für derartige Fälle zur Kündigung zu verpflichten,
2. sich für derartige Fälle das Kündigungsrecht von den Vereinen abtreten zu lassen[54] oder
3. sich von den Vereinen vertraglich zur Kündigung des Spielervertrages ermächtigen zu lassen.

Die erste Lösung wurde in den vertraglichen Vereinbarungen erkennbar nicht gewählt. Vielmehr will und soll der DFB das Recht haben, bei bestimmten groben Verstößen gegen sein Regelwerk durch einseitige Erklärung gegenüber dem Spieler einerseits diesem die Erlaubnis zu entziehen, sich in den Lizenzligen zu betätigen und andererseits den Arbeitsvertrag des Spielers zu beenden. Damit soll der DFB eine Funktion wahrnehmen, die grundsätzlich dem Vertragspartner des Arbeitnehmers, dem Arbeitgeber — hier Verein —, zusteht. Dadurch soll aber den Vereinen das Kündigungsrecht nicht völlig entzogen sein. Vielmehr ist in § 7 Abs. IV lit. c) des Spielervertrages ausdrücklich vereinbart, daß der Vertrag bei Kündigung einer Partei aus wichtigem Grund vorzeitig endet. Der Verein soll also weiterhin das Recht zur Kündigung haben.

Dies aber spricht gegen die Konstruktion einer gewollten Abtretung des Kündigungsrechts. Wenn man dies als vereinbart ansähe, so bleibt zu berücksichtigen, daß der DFB sich nur für bestimmte schwere Verstöße gegen seine Satzung und Ordnungen die Möglichkeit des Lizenz-

[52] s. o. IV 3 c).

[53] Daß die Vereine nur außerordentliche Mitglieder gem. § 6 Abs. III der Satzung sind, wurde bereits erwähnt.

[54] Dieses Ergebnis hält Bruder MDR 1973 S. 898 für nicht begründbar.

entzuges vorbehält[55]. Deshalb käme allenfalls eine Teilabtretung des Kündigungsrechts in Betracht. Grundsätzlich ist die teilweise Abtretung eines Rechts — z. B. einer Forderung — möglich. Dies kann aber nur dann gelten, wenn ein teilbares Recht vorliegt. Höchst fraglich ist jedoch, ob die Kündigungsmöglichkeit als solches anzusehen ist. Es müssen die für den Spieler gewollten Auswirkungen des Lizenzentzuges berücksichtigt werden. Es soll für ihn ja das ganze Arbeitsverhältnis erlöschen, nicht etwa nur ein Teil. Das Kündigungsrecht soll im Fall, in dem der Spieler in besonders grober Weise seine Pflichten nach den Satzungen und Ordnungen des DFB verletzt, in vollem Umfang vom DFB ausgeübt werden können. Da dies aber nur bei ganz bestimmten Pflichtverstößen der Spieler geschehen soll, während dem Verein im übrigen das Kündigungsrecht verbleibt, scheint dem DFB hier die Befugnis eingeräumt worden zu sein, dieses Recht des Vereins im eigenen Namen auszuüben. Als gewollte der möglichen vertraglichen Konstruktionen erscheint daher allein eine Ermächtigung[56] des DFB durch den Verein, dadurch daß dieser in seinem Lizenzvertrag mit dem DFB dessen Satzungen und Ordnungen und damit die Möglichekit des Spielerlizenzentzuges anerkannt hat.

Wenn über die dogmatische Einordnung der Ermächtigung, insbesondere die Frage, ob es sich dabei um ein eigenes Rechtsinstitut handelt, auch noch gestritten wird[57], so erscheint es als Unterfall des § 185 Abs. I BGB doch möglich, daß eine Ermächtigung zur Ausübung eines Rechtes erteilt wird[58].

bb) Der Schutz des Arbeitnehmers

In die Überlegungen wurden bisher noch nicht die Auswirkungen einer derartigen Regelung auf die Spieler eingebracht. Es darf nicht verkannt werden, daß es für ihn nicht ohne Interesse sein kann, wer gegebenenfalls für eine fristlose Kündigung zuständig ist. Wie dargestellt, kann nämlich davon ausgegangen werden, daß bei einer Zuständigkeit des DFB für die außerordentliche Beendigung seines Arbeitsverhältnisses er wesentlich eher mit dieser rechnen muß, als wenn dafür allein der Verein zuständig wäre.

---

[55] Gem. § 5 RuVO für unsportliches Verhalten und rohes Spiel, Tätlichkeiten gegen Gegner, Zuschauer oder Schiedsrichter, schuldhaftes Herbeiführen eines Spielabbruchs, Spielen ohne Spielberechtigung usw.

[56] *Palandt / Heinrichs* § 185 Anm. 4; *Doris* S. 19.

[57] Vgl. *Soergel / Schultze-v. Lasaulx* § 185 Anm. 34 m. w. N.

[58] Vgl. *Palandt / Heinrichs* § 185 Anm. 4; *Soergel / Schultze-v. Lasaulx* § 185 Anm. 33 ff.

(1) Das allgemeine Übertragungsverbot für Gestaltungsrechte

Hier muß nach dem Sinn des Verbots der isolierten Übertragung der Befugnis zur Geltendmachung derartiger Gestaltungsrechte gefragt werden. Als solcher kann anerkannt werden, daß der Arbeitnehmer jederzeit wissen soll, wer die zur Beendigung des Arbeitsverhältnisses führende Entscheidung treffen kann. Sieht man anschaulich als Gegenposition für das Gestaltungsrecht einer Vertragspartei eine gewisse Gebundenheit der anderen[59], so ist unmittelbar einsichtig, daß letztere ein immenses Interesse daran hat zu wissen, wer durch einseitige Erklärung auf die vertraglichen Verpflichtungen einwirken kann. Eigentlicher Sinn der Bindung des Gestaltungsrechts Kündigung an die Rechtsstellung als Vertragspartei[60] ist daher der Schutz des Entscheidungsgebundenen.

Auf Schutz aber kann man, wenn er wie hier nicht gesetzlich zwingend angeordnet ist, verzichten. Ein Verzicht des Spielers auf den Schutz vor Übertragung der Befugnis zur fristlosen Kündigung in bestimmten Fällen könnte im Lizenzvertrag gesehen werden. Darin unterwirft sich der Spieler nach §§ 2 und 3 nämlich ausdrücklich der Möglichkeit des Lizenzentzuges durch den DFB, obwohl er durch § 7 lit. b) des zuvor aufschiebend bedingt abgeschlossenen Arbeitsvertrages mit dem Verein dessen Bedeutung als zur Beendigung des Arbeitsverhältnisses bei bestimmten groben Vergehen gegen die Spielervertragspflichten durchaus kennt. Er hat damit wissentlich auf seinen Schutz vor Übertragung der Befugnis zur Geltendmachung des Gestaltungsrechts auf einen bestimmten, nicht unmittelbar am Arbeitsverhältnis beteiligten Dritten verzichtet.

Da der Verein bereits vorher in seinem Lizenzvertrag mit dem DFB die Möglichkeit des Lizenzentzuges für den Spieler anerkannt und somit den DFB zur Kündigung des Arbeitsvertrages ermächtigt hat, ist der Spielerlizenzvertrag insoweit als Genehmigung im Sinne des § 185 Abs. II BGB anzusehen.

(2) Die Anwendbarkeit des Kündigungsschutzrechts gegenüber dem DFB

Wesentlich gravierendere Bedenken gegen eine Ausübung des Kündigungsrechts durch den DFB ergeben sich aus einer möglichen Umgehung des Kündigungsschutzes des Spielers. Dieser richtet sich nämlich grundsätzlich nur gegen den Arbeitgeber, also den Verein. Daß der DFB generell nicht als Arbeitgeber angesehen werden kann, wurde oben dar-

[59] *Larenz,* Allgemeiner Teil § 13 I S. 175.

[60] *Ders.,* Schuldrecht — Allgemeiner Teil, § 34 VI S. 485.

gestellt[61]. Letzterer aber hat nach der Ermächtigung zur Kündigung durch den Verein die Möglichkeit, durch seine Erklärung das Arbeitsverhältnis des Spielers zu beenden.

Der Kündigungsschutz ist zwingend, auf ihn kann der Spieler also nicht wirksam verzichten. Ist also eine an sich interessengerechte und rechtlich-konstruktiv begründbare Ermächtigung zur Ausübung des Rechtes zur fristlosen Kündigung des DFB wegen Umgehung des unabdingbaren Kündigungsschutzes rechtsunwirksam?

Diese Konsequenz wurde bei anderen vergleichbaren Fällen nicht bezogen[62]. Vertragliche Dreierbeziehungen, die jedenfalls in ihrer praktischen Auswirkung bei formaler Betrachtungsweise zur Unanwendbarkeit der Sozialschutznormen führten, wurden im Rahmen der Privatautonomie durchaus für zulässig erachtet. Allerdings soll dem anerkannt Schwächsten der Vertragspartner sein sozialer Schutz nicht verloren gehen[63].

Sieht man in dem durch die vertragliche Dreierbeziehung DFB / Verein / Spieler geschaffenen Rechtsverhältnis wie in den Fällen des B-Geschäfts u. ä. die Aufsplitterung eines vom Gesetzgeber als zweiseitig gedachten Vertrages, berücksichtigt man zudem die Unabdingbarkeit des Kündigungsschutzes für den Arbeitnehmer, so können Verein und DFB hier diesen Schutz nicht umgehen. Da die Kündigung eines Arbeitnehmers ein grundsätzlich dem Arbeitgeber zustehendes Recht ist, ist der DFB bei einer derart weitgehenden Einwirkungsmöglichkeit auf das Arbeitsverhältnis der Spieler an den Kündigungsschutz gebunden. Wenn aber der DFB in gleicher Weise die Sozialschutznormen zu beachten hat wie der Arbeitgeber (Verein), so erwachsen dem Arbeitnehmer keinerlei unbillige Nachteile, wenn ein Dritter das Kündigungsrecht in bestimmten Fällen wahrnehmen darf. Dann aber steht auch dieser Gesichtspunkt der Einordnung des Lizenzentzuges als Ermächtigung zur Kündigung nicht mehr im Wege.

Das Kündigungsschutzrecht beim Lizenzentzug zur Anwendung zu bringen, wurde schon häufiger erwogen[64]. Dann aber sollte auch der eigentlich vorrangige Schritt getan werden, den Lizenzentzug als Kündigung des Arbeitsverhältnisses zu begreifen.

Folgt man dem, so ergibt sich wegen der Vergleichbarkeit mit den Fällen des B-Geschäfts und der Umgehung des AGBG eine weitere Möglichkeit, die Anwendbarkeit des Kündigungsrechts gegenüber dem

---

61 s. o. III.

62 s. o. III 3 c) aa).

63 Zur unterschiedlichen Begründung vgl. III 3 c) cc).

64 *H.-P. Westermann* S. 97; *Klatt* S. 135 ff.; vgl. auch *Weisemann* DB 1979 S. 260.

DFB zu begründen. Wie in den genannten Fällen sollen auch hier Sozialschutznormen (z. B. das Kündigungsschutzrecht) umgangen werden[65]. Während aber in § 6 AbzG und § 7 AGBG die Anwendbarkeit der Schutzgesetze auch für das Umgehungsgeschäft zwingend vorgeschrieben sind, besteht eine entsprechende Regelung für das Kündigungsrecht des BGB und des Kündigungsschutzgesetzes nicht. Somit kann hier, da die Möglichkeit der Umgehung auch dieser Sozialschutznormen erkannt wurde, eine Regelungslücke festgestellt werden. Bei der angesprochenen Ähnlichkeit der Tatbestände erscheint jedoch eine gleiche rechtliche Behandlung geboten. Die Anwendbarkeit des Kündigungsschutzrechts im Lizenzfußball gegenüber dem DFB kann daher auch mit einer analogen Anwendung der §§ 6 AbzG und 7 AGBG begründet werden[66].

4. Verpflichteter des Lohnfortzahlungsanspruchs

Das ArbG Gelsenkirchen[67] entschied, daß das Arbeitsverhältnis in seinem Bestand vom Lizenzentzug nicht berührt werde, da das Kündigungsrecht nur vom Verein wahrgenommen werden könne. Daß dies der Interessenlage im Berufssport nicht gerecht wird, wurde dargelegt. Im Gegensatz zu Klatt[68], der den Lohnfortzahlungsanspruch des Spielers bei Unwirksamkeit des Lizenzentzuges gegen den DFB gerichtet sieht, gewährte das ArbG Gelsenkirchen den Lohnanspruch folgerichtig gegen den Verein.

Letzteres erscheint auch nach dem hier entwickelten Ansatz richtig: Da der Verein regelmäßig die Arbeitsleistung des Spielers nutzt, ist er laut Spielervertrag zur Lohnzahlung verpflichtet. Dies ändert sich auch nicht im Fall eines ungerechtfertigten Kündigungseingriffs des DFB in diese Beziehung. Die Feststellung der Unwirksamkeit des Lizenzentzuges im Kündigungsschutzprozeß hat nämlich die Anerkennung eines in der Vergangenheit ständig bestehenden Arbeitsverhältnisses mit dem Verein zur Folge. Nur weil letzterer während der Prozeßdauer wegen der fehlenden Lizenz aufgrund vertraglicher Bindung an den DFB den Spieler nicht einsetzen durfte, wird er dem Spieler gegenüber nicht von seiner Lohnfortzahlungspflicht befreit. Eine Schuldübernahme des DFB für derartige Fälle liegt nicht vor.

---

[65] Dies ist auch der Grund für die Anwendbarkeit des AbzG in dreiseitigen Rechtsgeschäften, vgl. BGH NJW 1980 S. 938 (939).

[66] Zu den Analogievoraussetzungen *Larenz*, Methodenlehre, S. 366 ff.; damit soll nicht über eine Analogie zu den Nebengesetzen ein allgemeines Umgehungsverbot ins Zivilrecht eingebracht werden. Die Analogie ist vielmehr auf den Bereich der Sozialschutznormen zu beschränken.

[67] ArbG Gelsenkirchen NJW 1977 S. 598 f.

[68] *Klatt* S. 137 f.

Das Ergebnis erscheint auch nicht unbillig, wenn man bedenkt, daß der Verein bei später erkannter Unwirksamkeit des Lizenzentzuges und Verschulden des DFB einen Schadensersatzanspruch, etwa wegen positiver Forderungsverletzung, gegen diesen geltend machen kann. Dieser greift allerdings wegen der in § 3 des Lizenzvertrages zwischen Verein und DFB vereinbarten Haftungsbeschränkung in der Praxis in aller Regel nicht durch, da dem DFB wohl kaum Vorsatz oder grobe Fahrlässigkeit nachzuweisen sein wird, doch kann dieser vertragliche Haftungsausschluß kein Argument dafür sein, den Verein von seinen Verbindlichkeiten gegenüber dem Spieler zu befreien.

5. Arbeitnehmerschutz vor Ausspruch des Lizenzentzuges — Der DFB als Tendenzbetrieb

Arbeitnehmerschutz findet nach den geltenden Gesetzen vor — § 102 BetrVG — und nach Ausspruch der Kündigung — KSchG — statt. Obwohl es bisher im bezahlten Fußball in der Bundesrepublik kaum Betriebsräte gibt[69], seien hier kurz die Möglichkeiten derartiger Organe beim Lizenzentzug aufgezeigt. Die Vorschriften des BetrVG würden nämlich deswegen möglicherweise nicht oder nur eingeschränkt eingreifen, weil es sich beim DFB um einen Tendenzbetrieb im Sinne des § 118 BetrVG und bei den Spielern um sogenannte Tendenzträger handelt. Was aber ist die Tendenz des DFB, d. h. seine selbstgewählte Bestimmung?

In § 3 lit. a) seiner Satzung wird die Förderung der Entwicklung des Fußballsports als Aufgabe genannt, wobei, wie sich aus den lit. b) bis f) des § 3 der Satzung ergibt, vor allem die Förderung des deutschen Fußballsports innerhalb der geltenden internationalen Regeln gemeint ist[70]. Wählt man wie hier den Ausschnitt des bezahlten Fußballs aus dem gesamten Kompetenzbereich des DFB, so kann nicht verkannt werden, daß es dem DFB mit der Errichtung und Durchführung der Bundesliga vor allem um die Förderung des Spitzensports in dieser Disziplin geht. Daß mit der Verwirklichung dieses Zieles wirtschaftliche Bestrebungen verbunden sind, würde die Eigenschaft als Tendenzbetrieb nicht ausschließen. Entscheidend ist nach zutreffender h. M., ob der geistig-ideelle Zweck dem Unternehmen das Gepräge gibt, wobei in erster Linie qualitative Gesichtspunkte zu berücksichtigen sind[71].

---

[69] Nach Auskunft der DAG besteht derzeit nur beim TSV 1860 München ein Betriebsrat.

[70] Vgl. *Straub* S. 65.

[71] BAG 22 S. 360 (372); *Mayer-Maly* BB 1973 S. 763; *Dietz / Richardi* Anm. 17 zu § 118 BetrVG; *Kammann / Hess / Schlochauer* Anm. 8 ff. zu § 118 BetrVG; a. A. *Frey* AuR 1972 S. 162; *Fitting / Auffarth / Kaiser* Anm. 8 zu § 118 BetrVG.

Der Einordnung des DFB als Tendenzbetrieb im Sinne des § 118 BetrVG wird häufig entgegengehalten, daß diese Norm abschließend und nicht analogiefähig sei. Als Argument wird die Streichung der Betriebe mit ähnlichen Bestimmungen“ wie die aufgeführten aus § 81 Abs. I BetrVG von 1952 bei der Neufassung des Gesetzes genannt[72]. Auch auf die systematische Stellung der Norm im Abschnitt der besonderen Vorschriften für einzelne Betriebsarten wird hingewiesen[73].

Andererseits wird geltend gemacht, daß im entsprechenden Bericht des Bundestagsausschusses für Arbeit und Sozialordnung[74] nur vor einer unsachgemäßen Ausweitung des Tendenzschutzes gewarnt wird[75].

Da der Gesetzgeber bei Schaffung einer Norm nicht alle möglichen, sich vielleicht erst in Zukunft als problematisch erweisenden Fälle im Auge haben kann, muß eine analoge Anwendung der an sich als abschließend gedachten Regelung bei ähnlichen Konstellationen zur Findung interessengerechter Lösungen erlaubt sein, weil es dann sachgemäß ist. Dies muß um so mehr gelten, wenn die Norm — wie § 118 BetrVG — keinen abstrakten Oberbegriff, sondern nur eine Aufzählung enthält.

Aus anderslautenden Argumenten läßt sich die berechtigte Sorge um eine Aushöhlung des Arbeitnehmerschutzes durch die Ausweitung des § 118 BetrVG entnehmen. Damit kann aber nur begründet werden, daß grundsätzlich eine Ausweitung der Regelung verhindert werden soll. Die Analogie kann daher nur in extrem gleich gelagerten Fällen zugestanden werden.

Die Arbeitnehmer sollen durch das BetrVG bei der Gestaltung der sie unmittelbar berührenden betrieblichen Ordnung mitwirken[76]. Die Einseitigkeit der Arbeitgeberentscheidung soll durch Beteiligung der Arbeitnehmer gemildert oder sogar aufgehoben werden[77]. Inzwischen haben sich Sportmedizin, Trainingslehre und Sportpsychologie als wichtige Zweige der Sportwissenschaft herauskristallisiert. Es gibt inzwischen dort gesicherte Erkenntnisse, wie Sportler sich auf eine Höchstleistung vorbereiten müssen. Was sich den Spielern also als Arbeit-

---

[72] *Kamman / Hess / Schlochauer* § 118 BetrVG Anm. 12; *Fitting / Auffarth / Kaiser* § 118 BetrVG Anm. 3; *Galperin / Löwisch* § 118 BetrVG, der ausdrücklich Vereinen des Berufsfußballs, womit auch der DFB gemeint sein dürfte, keinen Tendenzschutz gewähren will.

[73] *Fabricius-GK* § 118 BetrVG Anm. 60.

[74] Bericht des BT-Ausschusses für Arbeit und Sozialordnung zu BT-Drucks. VI 2729 S. 17.

[75] *Dietz / Richardi* § 118 BetrVG Anm. 26; *Mayer-Maly* DB 1971 S. 2260; *ders.* AfP 1972 S. 196; *ders.* BB 1973 S. 764; *Klatt* S. 60 f.; auch noch *Fitting / Auffarth,* 10. Aufl., § 118 Anm. 3.

[76] *Thiele*-GK Einleitung — Anm. 8.

[77] *Lieb* § 8 S. 135.

geberentscheidung darstellt, ist oft eine sich aus der Kenntnis der physiologischen und medizinischen Zusammenhänge im Sport zwingend ergebende Konsequenz. Die Erhöhung des Trainingsumfangs für eine gewisse Zeit der Vorbereitungsperiode — eine Veränderung der Arbeitszeit i. S. d. § 87 I Nr. 3 BetrVG — kann aus sportlichen Gesichtspunkten absolut erforderlich sein. Anders als in anderen Bereichen des Wirtschaftslebens, wo sich die Tauglichkeit einer Maßnahme erst aus einer späteren Beurteilung der Einschätzung wirtschaftlicher Bedingungen ergibt, kann wenigstens im Bereich der körperlichen Vorbereitung eines Sportlers oder einer Mannschaft das „Richtig" oder „Falsch" oft eindeutig schon im Voraus festgestellt werden. Da sich die Spieler gem. § 2 des Spielervertrages verpflichtet haben, alles zu tun, um ihre sportliche Leistungsfähigkeit nach Möglichkeit zu steigern, sind sie verpflichtet, nach sportwissenschaftlichen Gesichtspunkten zu trainieren und oft sogar zu leben. Da die Anordnungen der Trainer als Vertreter der Arbeitgeber in diesem Bereich keine eigentliche willensabhängige Entscheidung, sondern nur die Umsetzung wissenschaftlicher Erkenntnisse und Erfahrungswerte sind, ist eine innerbetriebliche Mitwirkung in diesem Bereich nach der Intention des Gesetzgebers ebenso auszuschließen wie bei der Konstruktion einer Maschinenanlage.

Das Besondere bei Arbeitsverhältnissen der Berufssportler ist das Hinzutreten eines wirtschaftlichen Elements zu einem traditionell auf rein ideeller Basis abgewickelten Geschehen. Um bei der sich dabei ergebenden Kollision von sportlichen Gesichtspunkten und Regelungen, die letztlich über Art. 2 Abs. I GG geschützt sind[78], mit dem aus sozialstaatlichen Erfordernissen entwickelten Arbeitnehmerschutz zu ausgewogenen, beide Faktoren angemessen berücksichtigenden Ergebnissen zu gelangen, scheint eine Einordnung des DFB und der in ihm organisierten Lizenzvereine als Tendenzbetrieb oder -unternehmen durchaus möglich[79]. Die dazu erforderliche analoge Anwendung des § 118 BetrVG kann daher hier ausnahmsweise befürwortet werden.

Zur Stützung dieses Ergebnisses sei noch weiter auf die Vergleichbarkeit von anerkannten Tendenzbetrieben mit dem Berufsfußball hingewiesen. Anzuknüpfen ist hier an § 118 Abs. I Nr. 1 BetrVG, die künstlerischen Bestimmungen eines Betriebes. Anerkannt sind beispielsweise Theater und Orchester als künstlerische Betriebe[80]. Auch ein Ballett

[78] Richtigerweise ist § 118 BetrVG als grundrechtskonkretisierende Norm im Spannungsverhältnis von Art. 20 GG und den betroffenen Freiheitsrechten des GG zu sehen, vgl. Bericht des BT-Ausschusses für Arbeit und Sozialordnung zu BT-Drucks. VI 2729 S. 17.

[79] Dieser Ansicht ist wohl auch *Preis* DB 1971 S. 1571; *ders.*, Der Lizenzspieler, S. 58; a. A. *Weisemann* DB 1979 S. 259.

[80] *Fitting / Auffarth / Kaiser* § 118 BetrVG Anm. 15; *Kammann / Hess / Schlochauer* § 118 BetrVG Anm. 20; *Dietz / Richardi* § 118 BetrVG Anm. 37, alle m. w. N.

dürfte dazu zu rechnen sein, wobei aber bereits die Grenze von Sport und Kunst zu verfließen beginnt. Häufig werden ohne nähere Begründung Revuen oder Zirkusunternehmen nicht mehr dazugerechnet[81]. Sollte der Grund dafür, wie Löwisch[82] vermutet, tatsächlich darin liegen, daß man diese Art von Kunst für geringwertiger erachtet, ist diese Ansicht starken verfassungsrechtlichen Bedenken ausgesetzt[83].

Hier soll nicht so weit gegangen werden, Fußballspieler als Künstler zu bezeichnen, die Vereine und den DFB als Betriebe oder Unternehmen mit künstlerischen Zielsetzungen. Deshalb wird hier nur eine analoge Anwendung des § 118 BetrVG befürwortet. Dennoch sei ein Hinweis auf die allgemein anerkannte Entscheidung des BSG vom 20. 12. 1961[84] erlaubt, wonach Berufsfußballspieler krankenversicherungspflichtig sind, weil sie „im Hinblick auf die Art der von ihnen durchgeführten öffentlichen Wettspiele den Bühnenmitgliedern nahe" stehen. Es ist durchaus nicht begründungslos verständlich, warum die Leistung einer Gruppe Schauspieler, Pantomimen und Artisten im Hinblick auf § 118 BetrVG wesentlich anders zu bewerten ist als die einer Fußballelf[85]. Es kann jedenfalls nicht genügen, körperliche und geistige Leistung oder das Ziel der Realisierung eines klassischen Bühnenwerkes dem der Erzielung eines Tores gegenüberzustellen und zu bewerten. Immer mehr setzt sich nämlich die Erkenntnis durch, daß Sport im Vergleich mit geistigen Leistungen nicht etwas geringwertigeres Gleiches, sondern etwas Anderes, Gleichwertiges ist[86]. Auch kann die Zusammensetzung des Publikums oder die Höhe der Umsätze keine Begründung für die unterschiedliche Behandlung sein. Jedes Theater wäre froh, die Einnahmen eines HSV, Bayern München, Borussia Dortmund oder VfB Stuttgart zu haben, ohne daß deshalb diesen Betrieben jemand die Tendenzträgereigenschaft absprechen würde.

Die die Spieler als Hochleistungssportler exponierte Träger der oben angesprochenen DFB-Tendenz sind, käme nach z. T. vertretener Ansicht[87] ein Mitwirkungsrecht eines Spielerorgans bei Entscheidungen auf rein sportlichem Sektor, also auch dem zwingend tendenzbezogenen Lizenzentzug — vgl. § 5 RuVO und § 13 LSt, — wegen groben Regelver-

[81] *Fitting / Auffarth / Kaiser* § 118 BetrVG Anm. 15; *Dietz / Richardi* § 118 BetrVG Anm. 37; a. A. *Galperin / Löwisch* § 118 Betr.VG Anm. 23; *Kammann / Hess / Schlochauer* § 118 BetrVG Anm. 20.

[82] *Galperin / Löwisch* § 118 BetrVG Anm. 23.

[83] *Maunz / Dürig / Herzog* Art. 5 Abs. III Anm. 28 f. m. w. N.

[84] BSG 16 S. 98 (105 f.).

[85] So aber *H.-P. Westermann* S. 97; a. A. *Samstag* S. 80; *Klatt* S. 57 ff.; *Preis*, Der Lizenzspieler, S. 58.

[86] *Rösch* S. 16 f.; *Krohn* S. 42; *Wiesner* S. 49; *Quast* Hochschulsport Nr. 7/8/ 1979 S. 19 ff. m. w. N.

[87] *Kammann / Hess / Schlochauer* § 118 BetrVG Anm. 38 m. w. N.

stoßes nicht in Betracht. Demgegenüber nimmt die Rechtsprechung gerade auch bei tendenzbedingten Kündigungen von Tendenzträgern an, daß der Betriebsrat gem. § 102 BetrVG angehört werden muß, um auf soziale Bedenken aufmerksam machen zu können[88].

6. Lizenzentzug als Verstoß gegen Art. 12 GG

Die unmittelbaren Auswirkungen des Lizenzentzuges auf das Arbeitsverhältnis der Spieler wurden bereits dargestellt[89]. Darüber hinaus ist jedoch zu beachten, daß der Lizenzentzug auf Dauer, die härteste DFB-Sanktion, als eine „lebenslängliche Sportstrafe"[90] gedacht ist. Eine einmal entzogene Lizenz soll die Erlaubnis, die Bundesliga bzw. die Zweite Liga zu benutzen, für den Spieler auch für die Zukunft beseitigen. In der Bundesrepublik gibt es aber nur bei Vereinen dieser Ligen die Möglichkeit, seine fußballerischen Fähigkeiten beruflich zu verwerten. Tatsächlich kann der Spieler sich also nicht mehr als Profifußballer betätigen, was in diesem Zusammenhang das Reizwort Berufsverbot und somit den Maßstab des Art. 12 GG in die Diskussion brachte[91].

a) Die Anwendbarkeit des Art. 12 GG im Privatrechtsverkehr

Traditionell werden die Grundrechte als Abwehrrechte gegen den Staat verstanden[92]. Ob sie auch Privatrechtssubjekte binden und wenn ja wie, ist nach wie vor umstritten.

Das BAG geht von einer sogenannten unmittelbaren Drittwirkung aus. Es hält gerade Art. 12 GG für einen Ordnungsgrundsatz für das soziale Leben, der unmittelbare Bedeutung für den Rechtsverkehr der Bürger untereinander hat[93]. Folgerichtig erklärt es ein gegen Art. 12 GG verstoßendes Rechtsgeschäft nicht gem. § 138 BGB, sondern § 134 BGB für nichtig[94].

Vor allem in dem dem öffentlichen Recht zuzurechnenden Schrifttum wird hingegen vielfach darauf hingewiesen, daß wegen ihrer ursprünglichen Zielrichtung die Grundrechte Privatpersonen nur mittelbar bin-

---

88 BAG AP Nr. 1 zu § 130 BetrVG 1972 m. w. N., aber mit zweifelnder Anm. von *Mayer-Maly*, BAG weist in die gleiche Richtung gehende Entscheidungen der LAGe Niedersachsen und Düsseldorf nach; ebenso KraftGK Anm. 131 zu § 118 BetrVG.

89 s. o. 1.

90 *H.-P. Westermann* S. 96.

91 *Rauball* S. 281 ff.; *H.-P. Westermann* S. 90 ff. m. w. N.

92 *Hesse* S. 122; *Maunz* S. 101; *v. Münch / Niemöhlmann* Art. 2 GG Anm. 15.

93 BAG AP Nr. 25 zu Art. 12 GG m. w. N.

94 BAG AP Nr. 25 zu Art. 12 GG m. w. N.

den[95], d. h. sie können lediglich zur Interpretation unbestimmter Rechtsbegriffe im Zivilrecht herangezogen werden. Allerdings wird zugestanden, daß die Grundrechte dabei stärker zu berücksichtigen sind, wenn es „um den Schutz personaler Freiheit gegen Ausübung wirtschaftlicher und sozialer Macht geht“[96]. Da der DFB faktisch ein Monopol für die Regelung des bezahlten Fußballs in der Bundesrepublik hält[97], kann daher hier jedenfalls die Anwendbarkeit des Art. 12 GG bejaht werden.

b) Die Einschränkbarkeit des Art. 12 GG im Privatrechtsverkehr

Bereits daraus wird z. T. geschlossen, daß der Lizenzentzug unzulässig sei. Ausgehend von der allgemein anerkannten sogenannten Drei-Stufen-Theorie des BVerfG[98], nach der die Berufsfreiheit als einheitliches Grundrecht sowohl hinsichtlich der Berufsausübung wie der Berufswahl eingeschränkt werden kann, wird der eine Zulassungssperre beinhaltende Lizenzentzug als Beschränkung der Berufswahl[99] erkannt, die nur aufgrund eines Gesetzes zulässig sei. Da es für den Lizenzentzug an einem entsprechenden Gesetz fehle, sei dieser ein unzulässiger Eingriff in das Recht des Art. 12 GG[100].

Damit allerdings nimmt man dem DFB die Möglichkeit, seine durch Art. 9 Abs. I GG geschützten Vereinsinteressen — hier besonders die einheitliche Gestaltung des Fußballsports in der Bundesrepublik insgesamt — im Rahmen der auch ihm zuzubilligenden und grundgesetzlich durch Art. 2 GG geschützten Privatautonomie wahrzunehmen. Hier soll keineswegs einer „Privatisierung der Schrankensystematik“[101] das Wort geredet werden, d. h. der Möglichkeit, die Schranken dieser Rechte nach den Interessen der im Privatrecht an Grundrechte gebundenen Personen und Verbände zu bestimmen[102]. Richtig erscheint es vielmehr, nachdem die Grundrechtsbindung eines Vertragspartners erkannt wurde, eine Beurteilung der getroffenen Vereinbarung unter Abwägung der sich gegenüberstehenden Grundrechte beider Vertragsteile vorzunehmen, da im Privatrechtsverkehr alle Beteiligten Träger von Grundrechten sind[103].

---

[95] *Hesse* S. 150; *v. Münch / Gubelt* Art. 12 GG Anm. 1 m. w. N.; auch *Samstag* S. 59, 63 f.; *Söllner* S. 39 f.

[96] *Hesse* S. 151.

[97] *Samstag* S. 55 ff.; *H.-P. Westermann* S. 85; *Stern* S. 154.

[98] BVerfG 7 S. 377 (397 ff.); 13 S. 97 (104); 13 S. 181 (185 ff.); 19 S. 330 (337); *Schmidt-Bleibtreu / Klein* Art. 12 GG Anm. 11 ff.

[99] a. A. wohl nur *Schlosser* S. 65 f., der den Lizenzentzug als Ausübungsregelung verstehen will.

[100] *Rauball* S. 294 ff.; *K.-H. Schmidt* RdA 1972 S. 92.

[101] Ausdruck bei *H.-P. Westermann* S. 91.

[102] *Preis*, Der Lizenzspieler, S. 58; *Samstag* S. 66.

Beim Lizenzentzug stehen dem Interesse des Spielers am Erhalt seines Arbeitsplatzes die Interessen des Verbandes an der Einhaltung seiner Regeln zur Aufrechterhaltung eines einheitlichen und somit regelgerechten Sportgeschehens gegenüber[104]. Dabei nimmt der DFB zugleich die Interessen der anderen Vereine und Lizenzspieler wahr, die vertraglich an ihn gebunden sind. Insoweit, als sie eine gleiche Behandlung aller am Bundesligafußball Beteiligten zur Aufrechterhaltung echten sportlichen Wettkampfes gewährleisten, ergeben sich ja durchaus Vorteile durch die Bindung an die DFB-Regelungen. Berücksichtigt man außerdem, daß es bei eklatanten Verstößen gegen das Gebot des fairen[105] Wettkampfes, wie es beispielsweise die Annahme von Bestechungsgeldern beim „Verkauf eines Spiels“[106] durch Spieler war, zur Wahrung der Tendenz des DFB bei Betreiben der Bundesliga erforderlich ist, einen überführten Spieler zum Schutz des Ganzen von sportlicher Betätigung in diesem Rahmen auszuschließen, so ist grundsätzlich nichts gegen den Lizenzentzug als auch für die Zukunft wirkende Zulassungssperre einzuwenden. Ob damit der Lizenzentzug auch in jedem Einzelfall gerechtfertigt ist, muß die Prüfung des zugrundeliegenden Sachverhalts ergeben. Bei der Abwägung derart elementarer Rechte auf beiden Seiten muß diese in vollem Umfang den Gerichten überlassen bleiben[107]. Zweckmäßig erscheint es, entweder diese Gesichtspunkte im Kündigungsschutzprozeß durch das Arbeitsgericht berücksichtigen zu lassen, oder eine entsprechende Arbeitsgerichtskompetenz zu schaffen.

---

[103] Insoweit einig *H.-P. Westermann* S. 92; *Preis*, Der Lizenzspieler, S. 38 f.; *Hesse* S. 149 ff.

[104] *Rückert*, Sport und Recht, S. 191.

[105] Zur Schwierigkeit einer Definition des Begriffs „fair“ s. *Herchen* in FAZ Nr. 243/1979 (18. 10.) S. 23.

[106] Genau genommen handelt es sich um den Verkauf der für ein gewonnenes Spiel für die tabellarische Wertung der Bundesligasaison erteilten Punkte und Tore.

[107] *H.-P. Westermann* S. 100 f.; zur Wirksamkeit der Schiedsverträge *Preis*, Der Lizenzspieler, S. 104 ff.; *Klatt* S. 131 ff.; daß der Lizenzentzug die Kündigung des Arbeitsverhältnisses bedeutet, Schutz also vor dem Arbeitsgericht verlangt werden muß, wurde oben dargelegt, IV. 3. d).

V. Die Entziehung der Vereinslizenz

Ein weiteres im Spielervertrag genanntes Ereignis, das das Arbeitsverhältnis der Spieler vorzeitig beenden soll, ist der Lizenzverlust des Vereins. Gem. § 1 Abs. III LSt. bedarf ein Verein zur Teilnahme am Bundesligawettbewerb der Lizenz. Diese Lizenz wird gem. § 4 Abs. III LSt. jeweils für ein Jahr erteilt. Neben der sportlichen Qualifikation (Aufstieg) ist für die Lizenzverteilung vor allem der Nachweis der wirtschaftlichen Leistungsfähigkeit gem. § 5 lit. d) LSt. entscheidend[1].

Im folgenden soll der Lizenzentzug eines Vereins durch den DFB vor allem in seinen Auswirkungen auf das Arbeitsverhältnis der Spieler untersucht werden.

1. Die Rechtsnatur des § 7 lit. a) des Spielervertrages

Gem. § 7 lit. a) des Spielervertrages „endet der Vertrag vorzeitig, wenn der Verein die Lizenz als Lizenz-Verein durch Erlöschen, Entzug oder Zurückgabe verliert". Die Formulierung sowie das direkte Nebeneinander der Beendigungsgründe der Lizenzentziehung für Verein und Spieler in § 7 lit. a) und b) des Spielervertrages legt eine Gleichbehandlung zunächst nahe[2]. Bei näherer Betrachtung unter Beachtung des oben Gesagten[3] ergeben sich jedoch Unterschiede.

Zunächst hat der Spieler auf den Lizenzverlust des Vereins noch weit weniger Einfluß als auf den eigenen. Neben den Lizenzverlusten wegen Abstiegs in eine Amateurklasse sind bisher solche nur wegen mangelnder wirtschaftlicher Leistungsfähigkeit bekannt[4]. Die wirtschaftliche Betätigung des Vereins entzieht sich der Einwirkungsmöglichkeit des Spielers völlig, während für einen Spielerlizenzentzug immerhin ein grob unsportliches Verhalten seinerseits erforderlich ist.

Wichtig ist weiter, daß der Lizenzentzug des Vereins diesem gegenüber, nicht dem Spieler, erklärt wird. Dieser Unterschied ist bedeutsam, weil die Kündigung ein einseitiges empfangsbedürftiges Rechtsgeschäft

---

[1] Zu den kartellrechtlichen Problemen bei einer Lizenzverweigerung wegen mangelnder wirtschaftlicher Leistungsfähigkeit vgl. *Weiland* NJW 1978 S. 737.

[2] *Falkenberg* DB 1979 S. 592, der in beidem eine unzulässige Bedingung sieht.

[3] s. o. IV.

[4] Bonner SC, FC St. Pauli Hamburg.

ist. Da der Vereinslizenzentzug nicht dem Spieler erklärt wird, kann er nicht als Kündigung angesehen werden.

Es verbleibt daher nur die Möglichkeit, den Lizenzentzug des Vereins als auflösend vereinbarte Bedingung im Arbeitsvertrag der Spieler zu sehen[5].

2. Die Rechtmäßigkeit des § 7 lit. a) des Spielervertrages

Qualifiziert man den § 7 lit. a) des Spielervertrages wie hier als auflösende Bedingung, so ergibt sich nach der hier befürworteten Ansicht der Unzulässigkeit auflösender Bedingungen in Arbeitsverträgen bereits die Unwirksamkeit dieser Vereinbarung[6].

Dem wird die Rechtsprechung und die h. L. zustimmen können. Zu der in diesem Fall gegebenen im voraus vereinbarten Rechtsschutzverkürzung für den Arbeitnehmer kommt hier noch, daß die Umstände, die zum Lizenzfortfall beim Verein führen können, von diesem allein beherrscht werden. Dies ist am deutlichsten bei der Rückgabe der Lizenz. Aber auch bei Erlöschen wegen sportlichen Abstiegs oder Entzug mangels wirtschaftlicher Leistungsfähigkeit ist dies nicht zu verkennen. Das wirtschaftliche Risiko, und dazu gehört beim Berufssport auch das des sportlichen Erfolges, trägt der Arbeitgeber, also der Verein. Die mangelnde Wirtschaftskraft vor allem ist kein Kündigungsgrund[7] und kann daher auch nicht wirksam als auflösende Bedingung vereinbart werden[8]. Dadurch würde das Betriebsrisiko in unzulässiger Weise vom Arbeitgeber auf den Arbeitnehmer verlagert[9].

§ 7 lit. a) des Spielervertrages ist daher unwirksam. Der Vereinslizenzentzug beendet nicht sofort das Arbeitsverhältnis.

---

[5] Vgl. neuerdings BAG-Urteil v. 22. 1. 1981 — 2 AZR 778/78.

[6] Vgl. oben IV. 3. c) aa).

[7] BAG NJW 1973 S. 342, 1969 S. 525.

[8] BAG AP Nr. 3 zu § 620 BGB — Bedingung.

[9] *Palandt-Putzo* § 626 BGB Anm. 5 n, so jetzt auch BAG-Urteil v. 22. 1. 1981 — 2 AZR 778/78.

VI. Die Sperre des Spielers

Eine weitere, die Spieler in ihrem Recht auf Beschäftigung[1] stark einschränkende Maßnahme stellt die Spielersperre dar. Im Gegensatz zum Lizenzentzug beendet sie das Arbeitsverhältnis nicht. Auch sind für ihren Ausspruch innerhalb des DFB gem. § 5 RuVO allein die DFB-Gerichte zuständig. Anders als beim Lizenzentzug hat der Ligaausschuß hier keine Einwirkungsmöglichkeit.

Die weitaus häufigsten Fälle sind Sperren wegen unsportlichen Verhaltens in und außerhalb der Spielzeit, für rohes Spiel gegen den Gegner und für Tätlichkeiten gegen den Gegner — § 5 Abs. I lit. a) bis c) RuVO — bis unendlich — § 43 lit. f) der Satzung, doch sind Sperren über sechs Monate hinaus, wie sie gem. § 5 Abs. I lit. d) bei Tätlichkeiten gegen Schiedsrichter ausgesprochen werden können, in den letzten Jahren nicht bekannt geworden[2]. Es erscheint auch sehr zweifelhaft, ob derartig lange Sperren jemals von DFB-Organen verhängt werden, weil sie dann wohl im Interesse der Vereine, das der DFB regelmäßig beachtet, eine sofortige Beendigung des Arbeitsvertrages durch Lizenzentzug vorziehen würden, um dem Spieler nach Ablauf einer längeren Wartezeit auf Antrag erneut eine Lizenz zu erteilen[3].

1. Wirkungen der Sperre

Anders als der Lizenzentzug ist die Sperre des Spielers nicht als Kündigung anzusehen. Sie beendet kein Dauerrechtsverhältnis, sondern verhindert nur, daß der Spieler bei Vereinsspielen in der Bundesliga eingesetzt werden kann. Der Spieler ist daher durch das Rechtsgeschäft Sperre in dem wichtigsten Teil seines Rechts auf Beschäftigung — am Vereinstraining darf er ja weiterhin teilnehmen — betroffen.

Auswirkungen der Sperre auf den Lizenzvertrag sind nicht zu erkennen, auch nicht beabsichtigt. Im Gegenteil soll das uneingeschränkte Fortbestehen dieser vertraglichen Beziehung gerade die Gewähr für die Unterwerfung des Spielers unter die DFB-Entscheidung gewähr-

---

[1] z. B. *Söllner* S. 210.

[2] Nicht einmal in einem eklatanten Fall der Tätlichkeit gegen den Schiedsrichter am 8. 10. 1966 — vgl. Schiedsspruch vom 17. 1. 1967, abgedruckt bei *Horschitz* S. 168 ff.

[3] So geschehen im Fall des ArbG Gelsenkirchen NJW 1977 S. 598 anläßlich des Bundesligaskandals.

leisten. Außerdem soll der Spieler auch während seiner Sperre nicht von der allgemeinen Pflicht zu sportlichem Verhalten entbunden sein.

Man könnte an eine Suspendierung der Parteien des Arbeitsvertrages von den Hauptleistungspflichten denken[4]. Dies aber wird den tatsächlichen Gegebenheiten nicht gerecht. Der gesperrte Spieler bleibt auch weiterhin gem. § 2 des Spielervertrages verpflichtet, sich während seiner Sperre auf die darauffolgenden Wettkämpfe mit aller Kraft und Gewissenhaftigkeit vorzubereiten. Dieser Teil der Arbeitsleistung ist zwar nicht so spektakulär wie das Auftreten während des Wettkampfes, hat aber allein zeitlich einen weit größeren Umfang. Theoretisch besteht für den Spieler sogar weiterhin die Pflicht, an den Vereinsspielen teilzunehmen. Von dem entsprechenden Recht kann aber der Verein keinen Gebrauch machen, weil er als Mitglied und Vertragspartner des DFB dessen Regelungen anerkannt hat und gem. § 5 seines Lizenzvertrages zur Beachtung der Entscheidungen der DFB-Organe verpflichtet ist.

Andererseits bleibt auch der Verein während der Zeit der Sperre zur Zahlung des Grundgehalts verpflichtet — § 3 Nr. 1 des Spielervertrages. Spiel- und Leistungsprämien braucht der Verein hingegen nicht zu zahlen, da sie abhängig vom Einsatz des Arbeitnehmers in den betreffenden Spielen sind.

Die Wirkungen der Sperre können daher nur als Teilsuspendierung im Arbeitsvertrag Spieler / Verein bezeichnet werden[5]. Dazu ist der DFB als Nichtvertragspartei durch die Lizenzverträge mit Spielern und Vereinen ebenso wie zum Lizenzentzug berechtigt[6]. Dieses Ergebnis müßte wohl auch von Schwerdtner[7] und Hueck[8] anerkannt werden können, die eine vertragliche Vereinbarung zur Aufhebung der Beschäftigungspflicht fordern. Eine solche ist hier nämlich zwischen Spieler und DFB in dem vertraglich vereinbarten Gestaltungsrecht gem. §§ 2 und 3 des Spielerlizenzvertrages zu sehen.

2. Rechtsnatur der Sperre

Die Verhängung einer Spielsperre kann nur auf die rechtliche Grundlage des Lizenzvertrages gestützt werden, durch den allein die Spieler an die DFB-Statuten gebunden sind[9]. Sie ist daher nicht als Vereins-

---

[4] *Klatt* S. 103.

[5] Zur Zulässigkeit der Suspendierung BAG AP Nr. 13 zu § 626 BGB — Verdacht strafbarer Handlungen; *Nikisch* I § 38 S. 515 ff.; *Hueck / Nipperdey* I § 46 S. 385 ff.

[6] s. o. III. 3. c) cc) (3).

[7] *Schwerdtner*, Arbeitsrecht, S. 118.

[8] *Hueck / Nipperdey* I § 46 S. 385 ff.

[9] *Lukes* in Festschr. H. Westermann S. 332 f.

strafe oder wegen ihres Einwirkens auf das Arbeitsverhältnis des Spielers als Betriebsbuße anzusehen. Sie kann nur als Vertragsstrafe begriffen werden[10]. Es sei daher hier deutlich auf den Unterschied auch in der rechtlichen Bewertung zwischen Lizenzentzug und Sperre hingewiesen: Während ersterer tatsächlich die Ausübung des Kündigungsrechts bedeutet, suspendiert letztere als Vertragsstrafe z. T. die arbeitsvertraglichen Pflichten. Grundsätzlich bestehen hier also die vertraglichen Bindungen weiter. Die Sperre ist daher kein Minus, sondern ein Aliud im Verhältnis zum Lizenzentzug[11].

3. Die Rechtmäßigkeit zeitiger Sperren

Da, wie gezeigt, eine Sperre auf Dauer nicht praktiziert wird, kann sich die Erörterung hier auf zeitlich begrenzte Sperrstrafen beschränken. Zweifel an der Rechtmäßigkeit können sich zum einen aus der Frage nach der Zulässigkeit der Erstreckung von Vereinsgewalt auf Nichtmitglieder durch Vertrag, zum anderen unter Berücksichtigung des Art. 12 GG ergeben.

Daß sich aus der Vereinbarung gerade dieser vom DFB gewählten Sanktionen als Vertragsstrafen keine grundsätzlichen Bedenken ergeben, hat Westermann[12] überzeugend dargelegt. Die Einbeziehung des vereinsrechtlichen Maßnahmekatalogs in die Lizenzverträge läßt sich angesichts der Gestaltungsfreiheit des Privatrechts nicht als unwirksam ansehen. Auch Lukes[13], der als zusätzliche Kriterien für die Erstrekkung von Vereinsgewalt einen sachlich-gegenständlich begrenzten Bereich und eine Interessenförderung des Nichtmitgliedes durch den Erstreckungsvertrag fordert, kommt zu keinem anderen Ergebnis. Allein die Tatsache, daß im konkreten Fall die Bestrafung eines Amateurspielers als Vereinsmitglied und die eines Lizenzspielers gleich ausfallen können, läßt keinen Schluß auf eine unzulässige Vertragsstrafe zu.

Z. T. wird darauf hingewiesen, daß eine privatrechtliche Bindung, die den Ausspruch eines Unwerturteils ermöglicht, als Verstoß gegen das allgemeine Persönlichkeitsrecht nicht gebilligt werden kann[14]. Dem kann sicher insoweit gefolgt werden, als reine Ehrenstrafen unzulässig sind[15]. Doch muß erkannt werden, daß die Feststellung eines Pflichtverstoßes

---

[10] Im einzelnen zur Einordnung der DFB-Sanktionen s. o. IV. 3. a).

[11] a. A. *Klatt* S. 104.

[12] *H.-P. Westermann* S. 31 ff.; a. A. *Baumann* S. 36 f.

[13] *Lukes* in Festschr. H. Westermann S. 342 ff.

[14] *Flume* in Festschr. Bötticher S. 101 ff.; allerdings geht Flume hier vor allem auf die Vereinsstrafe ein, die Sperre ist jedoch, wie gezeigt, eine Vertragsstrafe.

[15] *Ders.* S. 123 ff.; *Zöllner* ZZP 1970 S. 375 ff.

und das Eingreifen der verwirkten Vertragsstrafe wenn nicht notwendig, so doch in vielen Fällen zugleich auch die persönliche Unzulänglichkeit in der betreffenden Situation bescheinigt. Erkennt man also überhaupt eine private Sanktionsmöglichkeit an, so ist zur Eingrenzung dieser gesetzlichen Möglichkeit — §§ 339 ff. BGB — die Ehrenrührigkeit einer Einzelmaßnahme kein geeignetes Kriterium, wenn diese Maßnahme, wie die Sperre, hauptsächlich der Disziplinierung gilt[16].

Bezüglich des Art. 12 GG kann im wesentlichen auf die Ausführungen zum Lizenzentzug verwiesen werden[17]. Eine Abweichung ergibt sich jedoch deutlich daraus, daß die Sperre nicht in die Berufswahl eingreift, sondern den Spieler lediglich einige Zeit trotz bestehenden Arbeitsverhältnisses an der Berufsausübung in dem für ihn wichtigsten Teilbereich hindert[18]. Insoweit, also bezüglich des Eingriffs in Art. 12 GG, stellt daher im Sinne der Drei-Stufen-Theorie die Sperre gegenüber dem Lizenzentzug ein Minus, einen geringeren Eingriff in die Berufsfreiheit dar. Es sind daher im Zivilrecht geringere Anforderungen an die diesem Grundrecht der Spieler entgegenstehenden Interessen desjenigen Privatrechtssubjekts zu stellen, das durch seine Macht und Regelungen in die Berufsfreiheit eingreift. Da generell die Interessen des DFB an der Einheitlichkeit der Sportart, deren Förderung er sich verschrieben hat, sogar Einschränkungen der Berufswahl rechtfertigen können, kann dies erst recht hinsichtlich einer Reglementierung der Berufsausübung angenommen werden. Inwieweit im Einzelfall den DFB-Interessen zuviel Gewicht angesichts des Art. 12 GG beigemessen wurde, kann nur an diesem Einzelfall erörtert werden. Grundsätzliche Bedenken gegen die Spielersperren bestehen nicht[19].

---

[16] *H.-P. Westermann* S. 42 f.; *Schlosser* S. 45 ff.

[17] s. o. IV. 6.

[18] Daher unzutreffend der Ausdruck *Rauballs* vom „zeitigen Berufsverbot" im Stern Nr. 43/1979 S. 273.

[19] *H.-P. Westermann* S. 81; *Schlosser* S. 66; *Klatt* S. 105.

VII. Der Spielertransfer

Als Spielertransfer wird nicht nur die Beendigung der vertraglichen Beziehungen zum alten und der Abschluß eines neuen Kontrakts mit einem neuen Verein verstanden. Der mit diesem Begriff umschriebene Tatbestand umfaßt vielmehr darüberhinaus die Erfüllung sämtlicher Voraussetzungen, die erforderlich sind, um die Arbeitskraft des Spielers für den neuen Verein auch und gerade in den Wettkämpfen voll nutzbar machen zu können. Dazu gehört vor allem gem. § 26 a LSt. die Spielerlaubnis für den Lizenzspieler, die vom neuen Verein zu beantragen ist. Der Spieler hat einen Anspruch auf Erteilung dieser Erlaubnis, wenn der neue Spielervertrag dem Ligaausschuß vorliegt, für den Spieler für die Vertragsdauer eine Krankenversicherung nachgewiesen wird — § 26 a lit. c) in Verbindung mit § 12 lit. d) LSt., die Aufnahme des Spielers in die Transferliste bekanntgegeben worden ist und der alte Verein die Freigabe erteilt hat. Die beiden letzten Voraussetzungen sind als besonders auffällige Eigenarten im Berufsfußball näher zu untersuchen. Dabei sei bereits hier darauf hingewiesen, daß das zwingende Erfordernis der Freigabe durch den alten Verein die problematischste ist, da sie in der Praxis nur durch die Zahlung der sogenannten Transferentschädigung an den alten Verein erreicht werden kann[1]. Die Festschreibung dieser Voraussetzung für die Spielerlaubnis in § 26 a Abs. II lit. a) LSt. ist daher auf Verbandsebene die Absicherung des z. T. polemisch als Sklavenhandel bezeichneten Systems der Entgeltzahlungen zwischen den Vereinen beim Spielerwechsel auf Verbandsebene.

Das Erfordernis der Spielerlaubnis an sich ist nicht zu beanstanden. Nur auf diese Weise kann der DFB bei Spielerwechseln die Einhaltung seiner Regeln und damit die Einheitlichkeit des Fußballsports in der Bundesliga überwachen[2]. Die Spielerlaubnis ist wie alle DFB-Regeln für das Bestehen eines Arbeitsverhältnisses mit den sich daraus ergebenden Rechten des Spielers gegen den Verein — insbesondere die Lohnzahlungspflicht — unerheblich[3]. Der DFB schränkt aber durch dieses Erfor-

---

[1] Vgl. den dem Urteil des LAG Berlin NJW 1979 S. 2582 ff. zugrundeliegenden Sachverhalt. Hier wurde nach dem Klägervortrag ein Spielerwechsel durch eine überhöhte Transfersummenforderung des alten Vereins verhindert.

[2] *Wiesner* S. 54.

[3] OLG Karlsruhe NJW 1978 S. 324; OLG Köln NJW 1971 S. 1367 (1368 f.).

dernis das Recht des Spielers auf Beschäftigung[4] ein. Dies jedoch wird Tendenzunternehmen[5], wenn es zur Erfüllung ihres Zwecks erforderlich ist, zugestanden[6]. Entscheidend ist also, ob es in diesem Sinne erforderlich ist, die Spielerlaubnis bei Nichtbeachtung der Transferbestimmungen zu versagen. Erforderlich zur Erreichung eines rechtlich anerkannten Zwecks kann dies aber nicht sein, wenn es sich bei den Transferregeln um rechtlicher Überprüfung nicht standhaltende, weil grundrechtswidrige Einschränkungen für die Spieler handelt. Die Rechtmäßigkeit des Systems der Spielerlaubnis steht und fällt daher mit der Rechtmäßigkeit der durch sie garantierten und überprüfbaren Voraussetzungen für ihre Erteilung.

1. Die Transferliste

Die Erlangung der Spielerlaubnis ist, wie gezeigt, unter anderem von der Eintragung des Spielers in die Transferliste abhängig. Spielerverträge dürfen gem. § 20 I LSt. erst nach Eintragung in der vom DFB gem. § 27 Abs. II LSt. geführten Liste abgeschlossen werden. Antragsberechtigt zur Aufnahme eines Spielers in die Transferliste sind der wechselwillige Spieler sowie abgebender oder neuer Verein — § 27 Abs. III LSt. Voraussetzung für die Aufnahme in diese Liste ist vor allem, daß der Spieler zur Zeit ohne vertragliche Bindung ist — § 27 IV LSt.

a) Die Eintragung in die Transferliste als Formerfordernis

Samstag[7] sieht in diesen Bestimmungen des Lizenzspielerstatuts, die Inhalt der Lizenzverträge mit Vereinen — §§ 1 bis 3 — wie mit den Spielern — §§ 2 f. — geworden sind, ein vertraglich vereinbartes Formerfordernis für den Arbeitsvertrag Spieler / Verein. Die Nichteinhaltung dieser Form, die konstitutive Wirkung haben soll, führe zur Nichtigkeit des Spielervertrages[8].

Eine etwas ungewöhnliche Konstruktion, deren Abnormität leider nicht weiter untersucht wird. Der Regelfall des § 125 Satz 2 BGB sieht vor, daß sich die potentiellen Vertragsparteien vor Vertragsschluß geeinigt haben, ein wirksames Rechtsgeschäft nur bei Einhaltung bestimmter Formen für Vertragsangebot oder / und -annahme abzuschließen — z. B. eingeschriebene Briefe. Der Fall der Transferlistenregelung liegt

---

[4] BAG AP Nr. 2, 4 zu § 611 BGB — Beschäftigungspflicht; *Hueck / Nipperdey* I § 46 S. 380 ff.; *Nikisch* I § 38 S. 512 ff.; *Schwerdtner*, Arbeitsrecht, S. 113 ff.

[5] s. o. IV. 5.

[6] *Nikisch* I § 34 II S. 447, 450; § 50 II 5 c S. 730.

[7] *Samstag* S. 68 ff.

[8] *Ders.* S. 72.

anders: Zwischen neuem Verein und Spieler besteht keine Formvereinbarung, beide stehen diesbezüglich nur in (lizenz-)vertraglichen Pflichten gegenüber dem DFB — § 20 Abs. I LSt. Vertragliche Vereinbarungen wirken aber in der Regel nur inter partes, also entweder zwischen DFB und Verein oder DFB und Spieler. Anhaltspunkte, die Lizenzverträge zumindest in soweit als Verträge zugunsten Dritter im Sinne des § 328 BGB anzusehen, lassen sich nicht erkennen. Der neue Spielervertrag ist davon nicht betroffen, er ist auch ohne vorherige Eintragung des Spielers in die Transferliste als wirksam anzusehen.

Dagegen, die Eintragung in die Transferliste als Formerfordernis zu begreifen, spricht auch, daß sich aus der vereinbarten Form für den Vertragspartner zweifelsfrei der Inhalt des Vertrages ergeben soll[9]. Aus der Aufnahme des Spielers in die Transferliste ergibt sich jedoch kein Hinweis auf die konkrete Vereinbarung des Spielers mit dem neuen Verein. Weder Grundgehalt oder die Höhe der verschiedenen Prämienarten noch die Laufzeit des Vertrages lassen sich aus der Transferliste entnehmen. Nur die geforderte Ablösesumme erscheint in der gem. § 27 Abs. XI LSt. wöchentlich veröffentlichten Transferliste, doch wird diese ja nicht Inhalt des Vertrages Verein / Spieler.

Ein vereinbartes Formerfordernis für die Spielerverträge, dessen Mißachtung im Zweifel gem. § 125 Satz 2 BGB Nichtigkeit zur Folge hätte, kann daher in der Transferliste bzw. in der Eintragung in dieser nicht gesehen werden.

Zur Stützung dieses Ergebnisses sei angeführt, daß ein Verstoß gegen DFB-Regeln, an die Vereine und Spieler vertraglich gebunden sind, den Gerichten bisher noch nie Anlaß gab, eine Vereinbarung zwischen Vereinen oder Vereinen und Spielern als nichtig anzusehen[10]. Nicht einmal der DFB scheint mit § 20 Abs. I LSt. die Rechtswirksamkeit von Spielerverträgen beeinflussen zu wollen[11]. Bei der ansonsten sehr präzisen, an der allgemeinen juristischen Diktion orientierten Ausdrucksweise im DFB-Regelwerk, gerade im Abschnitt VI des Lizenzspielerstatus (Verträge mit Spielern), wirft die Formulierung, Spielerverträge „dürfen" erst nach veröffentlichter Aufnahme des Spielers in die Transferliste abgeschlossen werden, die Frage auf, warum der DFB bei dieser unterstellten Intention nicht deutlicher wurde; etwa: „Bei Mißachtung dieser Bestimmungen ist der Vertrag mit dem Spieler nichtig." Der DFB wollte mit § 20 Abs. I LSt. nicht die Wirksamkeit von Spielerverträgen verhindern, sondern die Erteilung der Spielerlaubnis für den neuen Verein gem. § 26 a LSt.[12].

---

[9] *Flume* § 15 I 5 S. 249.

[10] OLG Karlsruhe NJW 1978 S. 324; OLG Köln NJW 1971 S. 1367 (1368 f.).

[11] a. A. *Samstag* S. 63.

b) Aufgabe der Transferliste nach den DFB-Regeln

Zur rechtlichen Beurteilung der Bestimmungen über die Transferliste scheint ein Blick auf den mit dieser Einrichtung verbundenen Zweck förderlich. Dazu heißt es in § 27 Abs. I LSt.: „Die Transferliste ist eine Einrichtung des DFB zur Regelung des Vereinswechsels der Lizenzspieler." Weiter setzt § 27 Abs. V LSt. fest, daß Voraussetzung für die Aufnahme von Spielern in die Transferliste ist, daß sie für den Vereinswechsel, der zwischen dem 1. 7. und 31. 12. jeden Jahres zulässig ist, ohne vertragliche Bindung sind. Sinn der Transferliste soll also sein, den Wechselzeitraum für alle Beteiligten deutlich festzulegen sowie allen Vereinen die Namen der wechselwilligen Spieler zur Kenntnis zu bringen.

Bei Einführung der Transferliste sollte diese auch noch der DFB-Kontrolle über die Höhe der Transfersummen dienen[13]. Das war erforderlich, weil sie gem. § 30 LSt. nach oben begrenzt waren und Ausnahmen der Genehmigungspflicht des Kontrollausschusses unterlagen. Heute können Transferentschädigungen frei vereinbart werden. Gem. § 27 VIII ist die Höhe der geforderten Transferentschädigung zwar immer noch dem DFB als Verhandlungsgrundlage mitzuteilen, doch hat dies nur den Effekt der Offenlegung der Verhandlungsgrundlage[14].

aa) Der Wechselzeitraum

Der Vereinswechsel außerhalb des vom DFB vorgesehenen Zeitraums vom 1. 7. bis 31. 12. eines jeden Jahres hat, wie gezeigt, nicht die Nichtigkeit des Spielervertrages zur Folge. Allerdings wird, wenn außerhalb dieser Zeit ein Spieler unter Vertrag genommen wird, die Spielerlaubnis für diesen versagt. Faktisch werden damit, wie die Praxis zeigt, Spielerwechsel vom 1. 1. bis 30. 6. fast immer verhindert; denn welcher Verein ist schon bereit, einen Spieler zu verpflichten und zu bezahlen, den er nicht einsetzen kann?

Ausnahmen gibt es nur in atypischen Fällen und aufgrund wirtschaftlicher Überlegungen in den Vereinen. Eintracht Frankfurt nahm z. B. bereits Anfang 1979 für die Saison 1979/80 einen aus der DDR geflohenen Torwart unter Vertrag, obwohl dieser wegen internationaler Sperrfristen ein Jahr nicht eingesetzt werden darf, also auch keine Spielerlaubnis erhält. Dafür allerdings ersparte sich der Verein für später eine hohe Ablösesumme.

---

[12] So auch Herr Hansen, DFB-Vorstandsmitglied.

[13] Dazu *H.-P. Westermann* S. 95.

[14] In der Praxis haben sich abgebender und neuer Verein allerdings sehr häufig bereits vor Aufnahme des Spielers in die Transferliste über die Ablösesumme geeinigt.

Auch hier stellt sich die Frage, ob eine derartige vertraglich abgesicherte Reglementierung angesichts des Art. 12 GG Bestand haben kann[15]. Der Arbeitsplatzwechsel ist dabei als Teil der Freiheit der Berufswahl, die Begrenzung des Wechselzeitraumes als objektive Zulassungsvoraussetzung anzusehen, die nur Bestand haben kann, wenn überragend wichtige Gemeinschaftsgüter es zwingend erfordern[16]. Wie oben dargelegt[17], muß bei der Berücksichtigung des Art. 12 GG im Zivilrecht eine Abwägung mit dem Interesse des anderen Grundrechtsträgers erfolgen. Dabei muß dieses hier wegen des besonders weitgehenden Eingriffs in das Grundrecht der Berufsfreiheit von elementarer Bedeutung für den DFB und seine Mitglieder sein.

Intention bei Schaffung dieser Regelung war die Aufrechterhaltung eines fairen Wettbewerbs zumindest in der Endphase der Entscheidung um die Deutsche Fußballmeisterschaft sowie um die für manche viel bedeutendere Frage des Bundesligaabstiegs[18]. Die Gewährleistung dieser Grundmaxime ist für die Fußballbundesligavereine geradezu lebenswichtig. Das Spezifikum des Berufssports ist der Wettkampf unter objektiven Bedingungen[19]. Dies belegen die Wogen, die der sogenannte Bundesligaskandal schlug. Der sportliche Wettbewerb wird aber nicht nur durch die Beeinflussung von Spielausgängen durch Geldzahlungen in Frage gestellt, sondern ebenso durch Änderung der Voraussetzungen eines Vereins mitten im Wettbewerb. Wettbewerb im Bundesligafußball findet jedoch nicht nur im Spiel gegen den Gegner der gerade auszutragenden Partie statt, sondern auch und vor allem im Vergleich mit dem Konkurrenten um Meisterschaft oder Abstieg, der auf ganz anderem Platz antritt. Der Wettbewerb zwischen den Vereinen ist daher nicht in erster Linie das Spiel gegeneinander, sondern der Vergleich der im Laufe einer Saison erzielten Resultate. Es ist dadurch möglich, daß der spätere Deutsche Meister alle Spiele gegen den Vizemeister verloren hat.

Um es zu verdeutlichen: würde während eines Spieles plötzlich die bis dahin unterlegene Mannschaft durch eine völlig andere, bessere ersetzt werden, wäre jedem eine Wettbewerbsverzerrung offensichtlich. Hat man jedoch erkannt, daß der Bundesligawettbewerb sich tatsächlich über einen wesentlich längeren Zeitraum erstreckt, so ist der Austausch vor einem Spiel der laufenden Saison nicht anders zu beurteilen[20].

---

[15] Zur Bedeutung dieses Grundrechts im Zivilrecht s. o. IV. 6. a).

[16] *Hesse* S. 170 ff. m. w. N.

[17] s. o. IV. 6. b).

[18] DFB-Pressechef *Gerhard* in DIE ZEIT Nr. 42/1978 S. 66.

[19] *Hörrmann* S. 87, These 4.

[20] *Seehase* in DIE ZEIT Nr. 42/1978 S. 66.

Die Aufrechterhaltung eines sportlichen Wettbewerbs ist ein elementares Arbeitgeberinteresse im Berufssport. Der Fußball wäre ohne jedermann erkennbaren und nicht beliebig vertauschbaren Gegner eine Show, die den Namen Sport nicht mehr verdiente. Da viele Zuschauer die Stadien nicht nur deswegen bevölkern, weil sie guten Fußball sehen wollen, sondern weil sie „ihrer“ Mannschaft den Rücken im Kampf um Meisterschaft oder Abstieg stärken wollen, erschiene ein Zuschauerrückgang zwangsläufig, wenn sie erkennen müßten, daß am Ende der Saison der finanzkräftigere Mitkonkurrent sich durch bessere Spielerverstärkungen für die letzten Spiele eine überlegene Ausgangsposition schaffen könnte. Das würde möglicherweise sogar dazu führen, daß Vereine, die einige Spieltage vor Schluß der Saison weder Meister werden noch absteigen könnten, die bei ihnen unter Vertrag stehenden Spitzenspieler dem meistbietenden Verein zur Verfügung stellten, vielleicht gar im Spiel der eigenen Mannschaft gegen einen Abstiegskandidaten.

Zur Aufrechterhaltung des Wettbewerbs als unverrückbares Element des Kampfsports Fußball — auch und gerade des berufsmäßig betriebenen — ist daher die Festschreibung gleicher Voraussetzungen für eine gewisse Wettkampfzeit zwingend erforderlich. Eine Beschränkung des Wechselzeitraums muß daher auch angesichts des Art. 12 GG vom Spieler hingenommen werden, zumal die Spielerverträge ohnehin in aller Regel bis zum Ende einer Saison oder 1. 7. des betreffenden Jahres laufen.

bb) Die Vermittlungsfunktion der Transferliste

Da weitere Aufgabe der Transferliste ist, die Namen der wechselwilligen Spieler — gem. § 27 Abs. IV und VI LSt. findet eine Aufnahme in die Transferliste ohne Zustimmung des Spielers nicht statt — den Lizenzvereinen zur Kenntnis zu bringen, kann dies im Sinne des § 13 Abs. I AFG als Arbeitsvermittlung verstanden werden[21], insbesondere weil sie regelmäßig veröffentlicht wird — § 27 Abs. XI LSt. Arbeitsvermittlung ist aber gem. § 4 AFG alleinige Aufgabe der Bundesanstalt für Arbeit[22]. Diese kann in Ausnahmefällen Einrichtungen mit der Arbeitsvermittlung beauftragen — § 23 AFG. Ein solcher Auftrag wurde der Paritätischen Spielervermittlungsstelle e. V., die ihren Sitz im Frankfurter DFB-Haus hat, erteilt. Dieser Verein ist auch der eigentlich Verantwortliche für die Führung und wöchentliche Herausgabe der Transferlisten. Wenn der DFB also die Erteilung der Spielerlaubnis von der vorherigen Eintragung des Spielers in die Transferliste abhängig macht, so soll damit nur das staatliche Vermittlungsmonopol gestützt werden.

---

[21] So wohl auch *H.-P. Westermann* S. 95.

[22] Zur Verfassungsmäßigkeit BVerfGE 21 S. 245 ff.

Intention bei Schaffung dieser Regelung war, nachdem die Notwendigkeit einer Vermittlungsstelle allseits erkannt worden war, die Bekämpfung der Spielervermittler, die zuvor entgeltlich vertragsfreie Spieler und Trainer an die Vereine vermittelten[23]. Zum Schutz von Vereinen und Spielern, die für die erfolgreiche Vermittlung nicht unerhebliche Summen zu zahlen hatten, richtete der DFB in Zusammenarbeit mit der DAG die paritätische Spielervermittlungsstelle ein.

Mit der Transferliste soll heute also entgegen der ehemals wohl berechtigten Ansicht Westermanns[24] nicht die Einhaltung der Transferbestimmungen kontrolliert werden. Das Instrument dafür ist vielmehr in der Spielerlaubnis zu sehen, die gem. § 26 a Abs. II lit. a) LSt. weiterhin die Freigabe des alten Vereins zur Voraussetzung hat. Die regelmäßige Aufstellung und Veröffentlichung der Transferliste durch die Paritätische Spielervermittlungsstelle e. V. begegnet also keinerlei rechtlichen Bedenken. Auch kann ihre Nutzung als Voraussetzung für die Erteilung der Spielerlaubnis anerkannt werden, da es dem DFB als Verein zugestanden werden muß, Schutzbestimmungen für alle seine Mitglieder — Bundesligavereine gem. § 6 Abs. III der Satzung — mit Sanktionen zu belegen. Dabei ist ferner zu beachten, daß die Benutzung der Transferliste für die Spieler keinen Nachteil bedeutet. Es ist ihnen vom DFB nicht untersagt, vor Eintragung in der Transferliste bereits über einen Spielervermittler Vertragsverhandlungen mit Vereinen führen zu lassen.

2. Die Freigabe durch den alten Verein

Die auffälligste und damit am heftigsten diskutierte Voraussetzung für die Erteilung der Spielerlaubnis ist die Freigabe des abgebenden Vereins. Die Erörterungen in diesem Bereich spitzen sich zumeist sogleich mit Recht auf die Problematik[25] der Transferentschädigungen, auch Ablösesummen genannt, zu.

Besondere Aktualität erlangt die Erörterung wegen des jüngst vom LAG Berlin[26] allerdings noch nicht rechtskräftig entschiedenen Falles. In dem zu beurteilenden Sachverhalt erteilte ein Berliner Verein der Zweiten Liga einem wechselwilligen Spieler deshalb nicht die Freigabe, weil die vom Verein geforderte Ablösesumme so hoch festgesetzt wurde,

[23] Allerdings sind auch heute noch gewerbsmäßige Spielervermittler im bezahlten Fußball tätig, die ihren Sitz ins Ausland (Liechtenstein, Luxemburg) verlegt haben.

[24] *H.-P. Westermann* S. 95.

[25] Wenn *Heckelmann*, AcP 179 (1979) S. 51, meint, daß die Zahlung von Ablösesummen unbestritten praktiziert wird, meint er damit nicht, diese Praxis sei rechtlich unproblematisch. Allerdings erscheint es zweifelhaft, Ablösesummen in ihrer Bedeutung mit dem „good will“ zu vergleichen, *ders.* S. 50.

[26] LAG Berlin NJW 1979 S. 2582 ff., ähnliche Fälle nennt *Knauth* S. 172 f.

daß kein anderer Verein sie zu zahlen bereit war. Damit wurde dem Spieler ein Vereinswechsel — also ein Wechsel des Arbeitsplatzes — unmöglich gemacht, obwohl sein Vertrag ausgelaufen war. Durch diesen praktischen Fall wird somit die Bedeutung der Freigabe als Voraussetzung für den Spielertransfer noch einmal unterstrichen.

a) Die Bedeutung der Transferentschädigungen

Die praktische und wirtschaftliche Bedeutung der Ablösesummen für die Vereine im deutschen Lizenzfußball und wohl darüber hinaus nahezu im gesamten Berufsfußball der westlichen Welt[27] kann kaum überschätzt werden. So ist es heute regelmäßig so, daß die z. T. stark verschuldeten Vereine zur Sicherheit für Darlehen oder Bürgschaften sich verpflichten, für den Fall von Liquiditätsschwierigkeiten einen oder mehrere Spieler in die Transferliste aufnehmen zu lassen, um mit den erwarteten Ablöseentschädigungen die Verbindlichkeiten zu tilgen[28]. Der durch die Höhe der Transfersummen bestimmte „Marktwert" der Spieler stellt in der Regel den weitaus größten Teil des Vermögens dar. Damit wird der Spieler zum Spekulationsobjekt, was sich im sportlichen Bereich z. T. auch auf die Mannschaftsaufstellung auswirkt[29]. Da sein „Marktwert" in der Regel mit der Zugehörigkeit des Vereins zur Bundesliga steigt, bedeutet Abstieg neben der sportlichen auch eine spürbare wirtschaftliche Einbuße für den Verein.

Wie unsicher aber die finanzielle Bewertung sportlichen Leistungsvermögens ist, die ja beim Transfer vor allem als Zukunftsprognose interessiert, weiß jeder, der den Weg eines Hochleistungssportlers aufmerksam verfolgt. Auch in der Fußballbundesliga mangelte es nicht an plötzlichen Formkrisen oder gar irreparablen Leistungsabfällen einst hochgehandelter Berufsfußballer[30]. Von altersbedingtem Leistungsabfall und endlichem Ausscheiden des Sportlers soll dabei gar nicht die Rede sein[31]. Erstaunlich und aufschlußreich im Hinblick auf die Machtstellung der Lizenzvereine im DFB ist, daß z. T. darauf angesprochene DFB-Vertreter der Ablösesummenregelung eher ablehnend gegenüberstan-

[27] In Frankreich gibt es seit Ende 1973 keine Ablösesummen mehr, vgl. *Wiesner* S. 57. Ablöseentschädigungen gibt es aber auch in anderen Profisportarten — z. B. Tischtennis. Immer mehr hört man auch von Ablösesummen in sogenannten Amateursportarten — Handball, Eishockey.

[28] So z. B. geschehen im Fall des Wechsels von Sigi Held von Preußen Münster zu Bayer Uerdingen, WELT AM SONNTAG v. 28. 10. 1979.

[29] Instruktiv die Ausführungen *Latteks* S. 45.

[30] Anschauliches Beispiel ist der Verlauf der Karriere von Uli Hoeneß, der 1974 in der deutschen Weltmeistermannschaft stand und nach der Saison 1978/79 wegen Leistungsabfalls seine Spielerlaufbahn als 27jähriger beendete.

[31] Daß diese Risikolage jedem, der sich finanziell am Bundesligafußball beteiligt, bekannt ist, wird von *Heckelmann,* AcP 179 (1979) S. 1 ff., nicht berücksichtigt.

den[32]. Auch ist nach Auskunft des DFB-Justitiars dem DFB kein Rechtsgutachten bekannt, daß die Transferentschädigungen rechtfertigt.

b) Argumente für die Transferentschädigungen

Von seiten der Vereins- und DFB-Vertreter werden für die Rechtfertigung der Transferentschädigungen immer wieder die gleichen Argumente angeführt. So wurden diese Zahlungen als Ausbildungsvergütungen bezeichnet, die an den abgebenden Verein als Ausgleich für dessen Investitionen zur Förderung der Leistungsfähigkeit des wechselnden Spielers gezahlt werden müßten. Damit werde zugleich ein Anreiz für die Vereine zur Förderung der Jugendabteilungen geschaffen, so daß letztlich die Spieler davon am meisten profitierten.

Zudem wird auf die Gefahr des „Ausverkaufs des deutschen Fußballs“ hingewiesen. Da es in fast allen europäischen Ländern das System der Transferzahlungen gäbe, würde bei Abschaffung der Ablösesummen die Abwerbung deutscher Spieler durch ausländische Vereine erheblich begünstigt[33]. Vom Zwang zur Zahlung dieser Entschädigung an die deutschen Vereine befreit, könnten die Ausländer den Spielern noch höhere Verdienstmöglichkeiten bieten. Dabei wird auf die Beispiele Schweden und Dänemark hingewiesen, deren beste Spieler jahrelang ins Ausland abwanderten[34].

Die Ablösesummen, die in der Regel das drei- bis fünffache eines Spielerjahresverdienstes umfassen, seien ein Mittel gegen überhöhte, die Vereine ruinierende, Gehaltsforderungen der Spieler. Das gezahlte Geld solle besser den Vereinen als den ohnehin schon hochbezahlten Fußballern zugute kommen.

Transferentschädigungen, die die sportliche Leistungsfähigkeit des Spielers in einen materiellen Wert umsetzten, seien für die wirtschaftliche Existenz der Vereine eine absolute Notwendigkeit. Sie seien das größte Vereinskapital und als potentielle Sicherheiten für Darlehen und Bürgschaften von Mäzenen und Vereinsmitgliedern zwingend erforderlich. Erst dadurch würde den Vereinen eine gewisse finanzielle Beweglichkeit geschaffen. Dadurch auch wären die Arbeitsplätze für die Spieler sicher, ihre Einkünfte konstant und nicht nur von den Zuschauerzahlungen abhängig.

---

[32] Sogar einige Vereinsvertreter halten die Praxis der Ablösezahlung für rechtswidrig.

[33] Nach Auskunft von Herrn Straub, DFB-Ligasekretär, besteht innerhalb der europäischen Fußballvereinigung (UEFA) eine Transferregelung, die im wesentlichen der im DFB entspricht. Fernsehdiskussion am 18. 11. 1979 in Sport III im NDR.

[34] Dänemark: Jensen und Simonsen, Europas Fußballer des Jahres 1977, gingen in die Bundesliga und dann nach Spanien; Schweden: Nationalspieler Wendt, Borg und Hellström spielen in der Bundesliga.

Schließlich wird auf die Gefahr der Verödung der Bundesliga bei Abschaffung der Transferentschädigungen hingewiesen. Ohne Ablösesummen würden bald die Vereine mit den größten Stadien und dem größten Zuschauerzuspruch und -einzugsgebiet alle guten Spieler verpflichten können, da sie die höchsten Gehälter zu zahlen in der Lage wären. Die Deutsche Meisterschaft könnte dann nur noch von wenigen Vereinen aus der Bundesliga erreicht werden, die Mittelklassevereine würden wegen zwingend andauernder Erfolgslosigkeit ständig geringere Einnahmen aus Zuschauer- und Werbeentgelten erzielen können, was sportlich den Abstand zwischen reichen und armen Vereinen nur vergrößern würde. Damit würde letztlich die Attraktivität des gesamten deutschen Fußballs sinken[35].

c) Stellungnahme zu den vorgebrachten Argumenten

Um zu den angeführten Begründungen der Transferentschädigungen Stellung beziehen zu können, muß zunächst die arbeitsrechtliche Dimension, das heißt die Auswirkungen dieser Regelungen auf die Arbeitsverhältnisse der Spieler beleuchtet werden. Auch hier gibt der dem Urteil des LAG Berlin vom 21. 6. 1979[36] zugrundeliegende Sachverhalt ein deutliches, weil extremes Beispiel. Ein Spieler konnte nach seinem Vortrag, obwohl er seinen Arbeitsvertrag mit dem alten Verein ordnungsgemäß gekündigt hatte, keinen neuen Arbeitsvertrag mit einem anderen Verein abschließen, weil keiner der an der Arbeitskraft des Spielers interessierten Vereine die geforderte Transferentschädigung zu zahlen bereit war. Da der alte Verein aus diesem Grunde eine Freigabe als Voraussetzung für die Spielerlaubnis für den neuen Verein — § 26 a Abs. II LSt. — verweigerte, kam ein Arbeitsvertrag mit einem neuen Verein nicht zustande.

Die vom Verein geforderte Transfersumme stellt sich somit als Hindernis für den Spieler auf der Suche nach einem neuen Arbeitsplatz dar. Im Extremfall kann dies das Ende der beruflichen Laufbahn als Lizenzspieler bedeuten, da der Spieler gem. § 30 Abs. II LSt. Anspruch auf Abschluß eines neuen Vertrages mit dem alten Verein nur hat, wenn dieser ihm bis zum Ende des auslaufenden Vertrages ein formgebundenes Angebot unterbreitet hat. Zu berücksichtigen ist auch, daß der Spieler bei nur einjährigem Ausscheiden aus dem Leistungssport einen kaum einholbaren Leistungsabfall zu verzeichnen haben wird und außerdem aus dem Blickfeld der Öffentlichkeit und damit auch der anderen potentiellen Arbeitgeber gerät.

---

35 Im wesentlichen nennt diese Argumente auch *Klatt* S. 91 f.; sie wurden auch vor dem LAG Berlin NJW 1979 S. 2582 ff. vorgebracht.

36 LAG Berlin NJW 1979 S. 2582 ff.

Eine aufgezwungene Berufsaufgabe stellt im Sinne der zu Art. 12 GG entwickelten „Drei-Stufen-Theorie" aber immer einen Eingriff in die Freiheit der Berufswahl dar[37]. Da der Spieler auf die Höhe der Transfersumme keinen Einfluß hat, ist für ihn diese Einschränkung sogar objektiv und wäre damit im Zivilrecht nur durch elementare Interessen eines anderen Grundrechtsträgers zu rechtfertigen[38]. Als solche reichen allein wirtschaftliche Interessen nicht aus, da das Grundgesetz zwar einzelne Betätigungen mit den Freiheitsrechten schützt, nicht aber Eingriffe in Grundrechte anderer durch wirtschaftliche Ausnutzung einer stärkeren Stellung im sozialen Gefüge. Sollte sich also ergeben, daß die Ablösesummen rein wirtschaftlichen Interessen der Vereine und nicht der Förderung des Fußballsports dienen, so müßten sie als Verstoß gegen Art. 12 GG und eine entsprechende Bindung der Spieler an die Regelungen über die Transferentschädigungen im Lizenzspielerstatut durch den Lizenzvertrag als sittenwidrig und nichtig gem. § 138 BGB angesehen werden.

aa) Die Transferentschädigung als Ausbildungsvergütung

Die Ablösesummen als Ausbildungskostenersatz darzustellen, erscheint zunächst plausibel. Dies mag besonders für Transferentschädigungen für Amateurvereine gelten, die vor dem sportlichen Aufstieg in die Lizenzligen der wirtschaftlichen Nutzung der Fähigkeiten des lange Zeit ausgebildeten, sprich trainierten, Spielers beraubt werden.

Die Vergütung von Ausbildungsaufwendungen von einem neuen Arbeitgeber ist eine bislang im Arbeitsrecht unbekannte Fallgestaltung. Bekannt und anerkannt sind die längerfristige vertragliche Bindung eines Arbeitnehmers, wenn der Arbeitgeber besonders hohe Ausbildungskosten erbracht hat[39]. Die Verhinderung des Abschlusses eines neuen Arbeitsvertrages ohne vertragliche Bindung durch den alten Arbeitgeber ist in diesen Fällen unbekannt. Vielmehr hat der bisherige Arbeitgeber aufgrund nachwirkender Fürsorgepflicht auch nach Beendigung des Arbeitsvertrages unter Berücksichtigung von Treu und Glauben alles zu vermeiden, was die Suche des Arbeitnehmers nach einem neuen Arbeitsplatz behindern könnte[40]. Die Transferentschädigung als vom neuen Verein zu zahlende Ausbildungsvergütung zu kennzeichnen, ist daher nicht überzeugend und unzulässig, weil sie sich als Behinderung des Arbeitsplatzwechsels darstellt, obwohl der abgebende Verein einer Lösung des alten Arbeitsvertrages entweder zugestimmt oder sich bei Abschluß des Vertrages die Fähigkeiten des Spielers nicht lang-

---

[37] *Maunz / Dürig / Herzog* Anm. 46 zu Art. 12 GG; *H.-P. Westermann* S. 96.

[38] Zur Wirkung und Bedeutung des Art. 12 GG im Zivilrecht s. o. IV. 6.

[39] BAG AP Nr. 25, 29, 45 zu Art. 12 GG.

[40] BAG AP Nr. 80 zu § 611 BGB — Fürsorgepflicht.

fristig genug gesichert hat. Diese wirtschaftliche Fehlkalkulation kann er jedoch nicht durch eine nachwirkende persönliche Bindung des Arbeitnehmers an sich wettmachen. Das Risiko des Gelingens der Ausbildung, die ja deutlich auch im Vereinsinteresse liegt, würde damit einseitig der Spieler tragen. Das Risiko sinnvoller Investitionen, das Wirtschaftsrisiko, trägt aber der Unternehmer. Dieses kann er nicht durch vertragliche Bindungen im Dreiecksverhältnis auf den Arbeitnehmer abwälzen.

Auch für die Transferentschädigung an die Amateurvereine kann nichts anderes gelten. Die Entgeltforderung — gem. § 32 LSt. begrenzt — stellt sich hier als mögliches Hindernis zum erstmaligen Abschluß eines Arbeitsvertrages dar. Dieses Hindernis besteht gem. § 32 Abs. I LSt. fünf Jahre lang. Bedenkt man, daß der Berufsfußballer seinen bezahlten Hochleistungssport nur zehn, bestenfalls zwölf Jahre ausüben kann, wird der Umfang dieser Behinderung deutlich. Dabei ist zu berücksichtigen, daß der Spieler zur Aufnahme eines Arbeitsverhältnisses aus dem alten Verein ausgetreten ist. Mangels Lizenzvertrag ist er auch (noch) nicht an die DFB-Statuten gebunden. Eine nachwirkende vereinsrechtliche Treuepflicht, die den Spieler an der sinnvollen wirtschaftlichen Nutzung seiner Arbeitskraft hindert, kann nicht anerkannt werden.

Wie fadenscheinig die Begründung als Ausbildungsvergütung ist, sei an einem aktuellen Beispiel erhellt: Zu Beginn der Saison 1979/80 kam der englische Nationalspieler Dave Watson zum Bundesligisten Werder Bremen. Die Ablösesumme betrug für ihn ca. DM 400 000. Watson wurde im zweiten Saisonspiel gegen den TSV München wegen einer Tätlichkeit gegen den Gegner vom Platz gestellt und in der Folge vom DFB gem. § 5 Abs. I lit. c) RuVO für acht Wochen gesperrt. Vereinsintern wurde Watson außerdem mit einer erheblichen Geldstrafe belegt. Unzufrieden mit dem neuen Verein zog es ihn wieder nach England. Werder ließ ihn gehen — für eine Ablösesumme von ca. DM 800 000! Wie aber ist eine Ausbildungsinvestition von ca. DM 400 000 in drei Monaten, von denen Watson zwei ohne Spielpraxis war, zu rechtfertigen? Inwieweit kann man einen Nationalspieler überhaupt noch ausbilden? Deutlich wurde hier der Spieler zum Spekulationsobjekt, der „Verkauf“ von Watson zu einem guten Geschäft für Werder Bremen[41].

bb) Der Schutz vor dem „Ausverkauf des deutschen Fußballs“

Erkennt man wie hier als Tendenz des DFB die Förderung des deutschen Leistungsfußballs an[42], so muß der Hinweis auf den möglichen

[41] Die Welt vom 15. und 16. 10. 1979 S. 11; siehe auch DER SPIEGEL Nr. 47/1979 S. 225, wo der Manager Grashoff von Borussia Mönchengladbach den „An- und Verkauf von Spielern“ als sein „Geschäft“ bezeichnet.

„Ausverkauf des bundesdeutschen Fußballs“ bei Abschaffung der Transfersummen an Bedeutung gewinnen. Immer wieder nämlich zeigt es sich, daß die Integration im Ausland spielender Profifußballer in die deutsche Nationalmannschaft Schwierigkeiten bereitet. Z. T. werden die Spieler von ihren Vereinen auch zu wichtigen Länderspielen nicht freigegeben[43], z. T. ist das Spielniveau in ausländischen Ligen so niedrig, daß die ausgewanderten Spieler wegen eklatanten Leistungsabfalls für die Nationalmannschaft nicht mehr interessant sind[44].

Hier sind zunächst vor allem europarechtliche Fragen zu beachten. Gem. Art. 1 VO über die Freizügigkeit der Arbeitnehmer innerhalb der europäischen Gemeinschaft[45], die sich auf Art. 48 f. des EWG-Vertrages stützt, ist jeder Staatsangehörige eines Mitgliedsstaates berechtigt, ein Arbeitsverhältnis in jedem anderen Mitgliedsstaat nach den dort geltenden Rechts- und Verwaltungsvorschriften aufzunehmen und auszuüben. Gem. Art. 1 Abs. II dieser VO hat jeder Angehörige eines Mitgliedsstaates das gleiche Recht auf Zugang zu den verfügbaren Stellen. Es bedarf demnach keiner Erörterung, daß jeder Arbeitnehmer grundsätzlich auch das Recht zur Verlegung seines Arbeitsplatzes ins Ausland, jedenfalls ins Hoheitsgebiet der Unterzeichnerländer, hat und Behinderungen dabei rechtswidrig sind. Letzteres jedenfalls dann, wenn dies nicht einmal geltenden Gesetzen des zu verlassenden Mitgliedsstaates entspricht. Daß aber das DFB-„Recht“ keine Gesetze in diesem Sinne sind, kann ebenfalls unterstellt werden[46].

Dennoch bleiben Zweifel, ob nicht die anerkannte Tendenz des Nationalverbandes eine derartige Regelung des Nationalverbandes erlaubt. Dabei darf nicht verkannt werden, daß Hochleistungsfußball ohne Wettbewerb undenkbar ist, attraktiver sportlicher Wettbewerb zur Ermittlung von Meisterschaften aber regionale Begrenzung und Unterteilungen zwingend erfordert. Weltmeisterschaften sind ein Wettstreit von Ländermannschaften, Europapokale sind nur aufgrund vorangehender nationaler Ausscheidungen so publikumswirksam.

Dies würde die Transfersummenregelung aber nur rechtfertigen, wenn es für den DFB keine anderen, weniger einschneidenden Maßnahmen zur Durchsetzung seines Zieles gäbe, als die wirtschaftlich moti-

[42] s. o. IV. 5.

[43] So im Fall Stielike, der von Real Madrid für das entscheidende Europameisterschaftsqualifikationsspiel der deutschen Nationalmannschaft am 17. 10. 1979 gegen Wales keine Freigabe erhielt.

[44] So im Fall Beckenbauer, der 1977 nach fast 100 Länderspielen wegen seines Auswanderns in die USA-Liga 1978 nicht mit zur Weltmeisterschaft fuhr.

[45] VO Nr. 1612/68.

[46] OLG Karlsruhe NJW 1978 S. 324; OLG Köln NJW 1971 S. 1367 (1368).

vierten Ablösezahlungen. Solche aber sind ohne weiteres denkbar: z. B. könnte der DFB den Spielertransfer ins Ausland davon abhängig machen, daß in die Spielerverträge Freistellungsklauseln für Länderspiele und DFB-Lehrgänge aufgenommen werden. Zwar würde auch dadurch ein Wechsel ins Ausland erschwert, doch würde bei entsprechender vertraglicher Absicherung diese für den Spieler erheblich geringere Beschränkung des Art. 12 GG als die durch Transfersummen unter Berücksichtigung der DFB-Tendenz noch durch die vertragliche Bindung, also letztlich Art. 2 GG, zu rechtfertigen sein. Gem. § 13 Abs. I LSt. wirkt der Lizenzvertrag nämlich bis zu zwei Jahre nach dem Ausscheiden eines Spielers aus dem Arbeitsverhältnis mit einem deutschen Lizenzverein.

Zum Schluß sei zu diesem Argument vom „Ausverkauf des deutschen Fußballs" noch darauf hingewiesen, daß damit Transfersummen beim Spielerwechsel im Inland ohnehin nicht zu rechtfertigen sind. Sollte man trotz der geäußerten Bedenken den Tendenzschutz des nationalen Verbandes für so gravierend halten, daß damit beim Spielerwechsel ins Ausland Transfersummen zu rechtfertigen wären, so sollte man sich zuvor die praktischen Auswirkungen derartiger Regelungen vor Augen halten: Da im Inland bei Spielerwechseln der abgebende Verein keine Ablöseentschädigung bekäme, wäre er, zumal bei finanzieller Krise, daran interessiert, einen oder mehrere Spitzenfußballer an ausländische Vereine abzugeben. Sollten dazu den Spielern von den betreffenden ausländischen Vereinen lukrative Angebote gemacht werden, würden diese sicher im einen oder anderen Fall ins Ausland gehen. Möglicherweise würde unter der Hand der abgebende Verein den Auswanderer noch an der Ablösesumme beteiligen, um ihm diesen Entschluß zu erleichtern. Dabei wäre also erst recht ein „Ausverkauf des deutschen Fußballs" zu erwarten, zumal eine Rückkehr in die Bundesliga dann fast immer an den Ablöseforderungen der ausländischen Vereine scheitern würde. Die Erfüllung dieser Forderung des abgebenden Vereins ist nämlich unmittelbare Voraussetzung für die Freigabe des alten Vereins und somit der gem. § 27 Abs. VI LSt. erforderlichen Zustimmung des betreffenden FIFA-Nationalverbandes zur Aufnahme des Spielers in die DFB-Transferliste.

cc) Andere Argumente für die Transferentschädigungen

Die befürchtete Verödung der Bundesliga wird bei Abschaffung der Ablösesummen nicht eintreten. Genauso wie dann die Vereine mit dem größten Zuschauerzulauf in der Lage wären, den gewünschten Spielern die höchsten Gehälter zu zahlen, sind sie es heute in bezug auf die Zahlung nahezu jeder Ablösesumme.

Andere Argumente entlarven sich bei genauerem Hinsehen selbst als pragmatisch, nur auf die Schaffung und Erhaltung wirtschaftlicher Potenz für die Vereine abzielend. Solche Anliegen aber sind nicht geeignet, objektive Berufswahleinschränkungen im Sinne des Art. 12 GG zu rechtfertigen. Sie sind nicht erforderlich, den Vereinen ihr Ziel, die Förderung des Fußballsports, für das sie Art. 2 GG ins Feld führen, zu ermöglichen.

d) Die Transferregelung als Konkurrenzverbot

Hat man erkannt, daß durch die Transferregelung praktisch eine nachvertragliche Bindung des Spielers eintritt, also eine Behinderung beim Abschluß eines neuen Arbeitsvertrages durch ein Zustimmungserfordernis des alten Arbeitgebers, so liegt eine Parallele zu den vertraglich vereinbarten Wettbewerbsverboten nahe[47]. Es ist dabei zu berücksichtigen, daß der Spieler gem. § 1 seines Vertrages mit dem Verein auch diesem gegenüber die Geltung der DFB-Regeln, insbesondere des LSt., anerkannt hat. Da den Spielern die möglichen Auswirkungen der Transferbestimmungen bekannt sind, was deutlich aus den immer häufiger werdenden Fällen der Vereinbarung einer Höchstablösesumme im Spielervertrag zu entnehmen ist, könnte zumindest an eine konkludente Vereinbarung eines Wettbewerbsverbots gedacht werden.

Solche Klauseln sind nach inzwischen allgemeiner Ansicht bei allen Arbeitsverhältnissen an den §§ 74 ff. HGB zu messen[48]. Dabei fällt zunächst auf, daß den Berufsspielern für eine solche Bindung keinerlei Karenzentschädigung gewährt wird, die gem. § 74 Abs. II HGB pro Jahr die Hälfte der zuletzt erhaltenen Jahresbezüge ausmachen muß. Das Fehlen solcher Abreden ist gem. § 75 b Satz 2 HGB jedoch unschädlich bei hochbezahlten Angestellten. Auf die verfassungsmäßige Bedenklichkeit dieser Norm wird z. T. angesichts der unklaren Gesetzesfassung hingewiesen[49], doch hat entgegen der Ansicht Söllners[50] das BAG[51] den Regelungsinhalt der Norm nicht schlechthin für verfassungswidrig erklärt. Es verlangt nur eine sehr hohe Dotierung und klare gesetzliche Regelung für entsprechend gebundene Angestellte, die im konkret entschiedenen Fall nicht anzunehmen war. Bei exakter Berechnungsgrundlage für die Eingrenzung des hochbezahlten Angestellten, wie sie gesetzgeberisch durchaus möglich ist, könnte § 75 b Satz 2 HGB daher durch-

---

47 *Wiesner* S. 54.

48 BAG AP Nr. 24 bis 26 zu § 611 BGB Konkurrenzklausel; BAG AP Nr. 26 zu § 74 HGB; *Söllner* S. 230; *Gamillscheg* RdA 1975 S. 13 ff.

49 *Seifert* ZfA 1970 S. 406 f.; LAG Baden-Württemberg DB 1970 S. 305.

50 *Söllner* S. 230.

51 BAG AP Nr. 10 zu § 75 b HGB mit insoweit zustimmender Anm. von *Beitzke*.

aus wieder Anwendung finden. Wenn sich aber auch für diesen Fall bereits für viele verhältnismäßig wenig verdienende Berufsfußballspieler vor allem der zweiten Ligen gem. § 74 Abs. II HGB die Unverbindlichkeit einer Wettbewerbsbeschränkung ergeben würde[52], so könnte dies für hochbezahlte Bundesligaspieler möglicherweise nicht begründet werden[53].

Die Vereinbarung ist aber auch für diese Profis unverbindlich, da sie nicht, wie § 74 Abs. I Satz 3 HGB fordert, auf höchstens zwei Jahre beschränkt ist. Theoretisch ist es im Lizenzfußball denkbar, daß den betreffenden Spielern ein Arbeitsplatzwechsel für die gesamte ca. zehnjährige Dauer der höchsten körperlichen und somit sportlichen Leistungsfähigkeit unmöglich gemacht wird[54].

Zuletzt sei noch auf einen Verstoß gegen das in § 74 Abs. I HGB geforderte Schriftformerfordernis hingewiesen. Die verlangte Schriftform kann durch die Einbeziehung der Transferregelungen in den Spielervertrag nicht als gewahrt angesehen werden, da diese Bestimmungen nicht mit der unterschriebenen Urkunde verbunden sind[55]. Ferner ist dem Arbeitnehmer zusätzlich eine vom Arbeitgeber unterschriebene Urkunde auszuhändigen, die den genauen Inhalt der nachvertraglichen Wettbewerbsbeschränkung wiedergibt. Derartiges ist im Bundesligafußball bisher nicht geschehen. Somit wäre eine entsprechende Abrede auch als formnichtig anzusehen — § 125 BGB[56].

Gem. § 8 Abs. I des Spielervertrages, der eine Abbedingung des § 139 BGB enthält, kann daraus nicht auf die Nichtigkeit des ganzen Spielervertrages geschlossen werden. Auch ohne diese Abrede könnte dies wegen der im Arbeitsrecht gebotenen zurückhaltenden Anwendung des § 139 BGB nicht angenommen werden, da dies dem Schutzzweck der §§ 74 ff. HGB zuwiderlaufen würde[57].

e) Ergebnis für das Freigabeerfordernis

Als Ergebnis ist daher festzuhalten, daß die seit der offiziellen Einführung des bezahlten Fußballs geübte Praxis der Forderung von Transfersummen rechtlicher Überprüfung nicht standhält. Sie dient allein den wirtschaftlichen Zielen der Vereine und wird letztlich als Entgelt für

[52] Beim Kieler SV-Holstein (zweite Liga Nord) bekommen die Spieler in der Saison 1979/80 DM 350 bis DM 800 Grundgehalt plus zuschauerzahlabhängige Spielprämien.

[53] Dort werden z. T. Jahreseinkommen von DM 400 000 erzielt (Kevin Keegan — HSV; Dieter Hoeneß — Bayern München).

[54] So auch LAG Berlin NJW 1979 S. 2582 ff.

[55] RG 148 S. 349 (353); BGH 40 S. 255 (263); insoweit nicht abweichend BGH 42 S. 333 (338); *Larenz,* Allgemeiner Teil, § 23 I a 1 S. 359.

[56] So auch *Baumbach / Duden* Anm. 2 B b zu §§ 74 bis 74 c HGB.

[57] Vgl. *Söllner* S. 208; BAG AP Nr. 33 zu § 138 BGB m. w. N.

die Freigabe durch den alten Verein gezahlt[58]. Diese nachvertragliche persönliche Bindung des Spielers an den alten Arbeitgeber ist jedoch mit dessen Recht auf freie Wahl des Arbeitsplatzes nicht zu vereinbaren[59].

Besonders augenfällig wird dies am Beispiel des aus der zweiten Liga abgestiegenen Vereins. Als Amateurverein darf er keine Berufsspieler mehr einsetzen — § 5 a Abs. I der Satzung in Verbindung mit §§ 4, 10 und 12 lit. a) LSt., kann aber deren Spielervertrag mit einem Lizenzverein durch eine entsprechend hohe Ablösesumme verhindern. Dem Spieler bleibt also im Extremfall keine andere Wahl, als seinen Sport nunmehr als Amateur auszuüben.

Dieses Ergebnis kann in der juristischen Diskussion als absolut herrschend angesehen werden. Daß der BGH in seiner Entscheidung vom 13. 11. 1975[60] die Verfassungsmäßigkeit der Transfersumme nicht näher untersuchte, ist bedauerlich. Verständlich ist dies allenfalls, weil er nur den Streit zweier Vereine zu entscheiden hatte. Diese Entscheidung läßt nicht den verhängnisvollen Schluß zu, der BGH habe die Verfassungsmäßigkeit bewußt anerkannt[61]. Er hat sich diese Konsequenz offensichtlich nicht vergegenwärtigt, anderenfalls hätte er richtigerweise anders entscheiden müssen[62].

Da somit die Spielerlaubnis an im einzelnen nicht zu rechtfertigende Voraussetzungen geknüpft ist, ist eine Versagung der Spielerlaubnis jedenfalls dann als Verstoß gegen Art. 12 GG anzusehen, wenn dies mangels Freigabe durch den alten Verein wegen Nichtzahlung der geforderten Transferentschädigung geschieht. Der Spieler hat bei derartigem Sachverhalt also einen Anspruch auf Erteilung der Spielerlaubnis für den neuen Verein, falls man überhaupt an diesem Erfordernis festhalten will.

---

[58] *Stücheli* S. 48, der sich allerdings zu Unrecht auf *Horschitz* S. 20 Fn. 40 beruft.

[59] So auch *Samstag* S. 104 ff.; *Preis,* Der Lizenzspieler, S. 63; *Klatt* S. 96; *H.-P. Westermann* S. 95 f.

[60] BGH NJW 1976 S. 565.

[61] LAG Berlin NJW 1979 S. 2582 ff.

[62] Der BGH NJW 1976 S. 565 ließ einen Rücktritt des einen Vereins vom Transfervertrag wegen beiderseitigen Irrtums über die Geschäftsgrundlage (Unbestechlichkeit des Spielers) zu. Damit erkannte er diesen Vertrag trotz der Verfassungswidrigkeit der Transferentschädigung an. Richtigerweise ist der Vertrag gem. §§ 134 oder 138 BGB in Verbindung mit Art. 12 GG als nichtig anzusehen. Eine Rückforderung der Transfersumme wäre nach dem hier vorliegenden Verstoß des Leistungsempfängers gegen die guten Sitten nur gem. § 817 Satz 1 BGB möglich. Dem kann aber der Sittenverstoß des Leistenden gem. 817 Satz 2 BGB entgegengehalten werden. Dieses rechtspolitisch angreifbare Ergebnis — faktische Aufrechterhaltung des sittenwidrigen Geschäfts — mag man bedauern, es wird aber de lege lata nicht zu umgehen sein.

VIII. Die Verwirklichung des kollektiven Arbeitnehmerschutzes

Der kollektive Arbeitnehmerschutz für die Spieler kann einmal auf tarifvertraglicher Basis, zum anderen durch die Betätigung im Rahmen des Betriebsverfassungsgesetzes realisiert werden.

1. Die Tariffähigkeit des DFB

Bisher gibt es im Bundesligafußball mit dem DFB keine Tarifverträge im üblichen Sinne, d. h. mit normativen Regelungen über Lohn, Urlaub, Sanktionen usw.[1]. Ausführlich versuchte Preis[2] die Tariffähigkeit des DFB zu begründen. Da er den DFB nicht als Arbeitgeber begreift[3], versucht er ihn als Spitzenorganisation im Sinne des § 2 Abs. III TVG einzuordnen und ihm zumindest die Fähigkeit zum Abschluß obligatorisch wirkender Tarifverträge zuzusprechen[4]. Dabei erkennt er deutlich, wie mißlich die Einordnung des DFB als im Arbeitsverhältnis des Spielers außenstehender Dritter ist: „Wiederum würde also die besondere Konstruktion des Bundesligafußballs, die die Lizenzspieler einer Doppelbindung unterwirft, dazu führen, daß eine dieser Bindungen von den Institutionen des kollektiven Arbeitsrechts nicht erfaßt wird.“ Die bereits beim Lizenzentzug angesprochene und begründete Konsequenz, daß der Arbeitnehmerschutz die Geltung des Arbeitsrechts auch für das mit dem DFB bestehende Rechtsverhältnis insoweit erfordert, als dieser spezielle Regelungen für die Ausgestaltung des Arbeitsverhältnisses aufstellen kann[5], zieht er jedoch nicht[6].

Solche konstruktiven Umwege, die letztlich unter Umgehung des Kernproblems das in einem Teilbereich als richtig empfundene Ergebnis zu begründen suchen, sind bei der Qualifikation des DFB und des mit ihm geschlossenen Vertrages als Teil eines sich objektiv wie aus der Sicht des Spielers als einheitlich darstellenden Arbeitsverhältnisses[7]

---

[1] *Klatt* sieht allerdings bereits in der Vereinbarung über den Schiedsgerichtsvertrag für den Spieler zwischen DAG und DFB einen typischen Tarifvertrag, S. 42.

[2] *Preis*, Der Lizenzspieler, S. 116 ff.

[3] *Ders.* S. 54, 117 ff.

[4] *Ders.* S. 122 ff.

[5] s. o. III. 3. d).

[6] *Preis*, Der Lizenzspieler, S. 121 f.

[7] s. o. III. 3. c) cc).

nicht erforderlich. Grundsätzlich nämlich stellt der Arbeitgeber für den Arbeitnehmer verbindlich die Regelungen auf, die der Spieler im Rahmen der innerbetrieblichen Ordnung zur Erreichung des Unternehmenszwecks zu beachten hat. Ist dieses Recht des Arbeitgebers z. T. durch vertragliche Konstruktion für die Spieler verbindlich auf einen Dritten übertragen worden, so darf dadurch der zwingende gesetzliche Arbeitnehmerschutz nicht leerlaufen. Als konstruktive Begründung sei hier noch einmal auf eine mögliche Analogie zu § 6 AbzG und § 7 AGBG hingewiesen[8]. Dies gilt auch für das TVG. Hat man also erkannt, daß der DFB z. B. durch seine Sanktionskataloge, die Aufstellung von Spielregeln, die Zulassungs- und Wechselbeschränkungen unmittelbar auf die Arbeitsverhältnisse der Spieler einwirkt oder zumindest einwirken kann und will man diese vertraglich gestaltete Konstruktion der Dreierbeziehung als zulässig ansehen, so darf dadurch der Arbeitnehmer nicht schlechter stehen, als würde er wie im Normalfall einem einzelnen Arbeitgeber gegenüberstehen.

Daraus ergibt sich, daß der DFB in dem Bereich, in dem er typische Arbeitgeberfunktionen wahrnimmt, als uneingeschränkt tariffähig anzusehen ist[9]. Die Frage, ob er dabei Tarifverträge gem. § 2 Abs. I TVG als Arbeitgebervereinigung, als einzelner Arbeitgeber oder als Spitzenorganisation gem. § 2 Abs. III TVG abschließt, ist erst von sekundärer Bedeutung. Es ist hier konsequent, den DFB insofern als einzelnen Arbeitgeber im Sinne des § 2 Abs. I TVG anzusehen. Das erscheint auf den ersten Blick für den Verband DFB merkwürdig, ergibt sich aber aus der hier zugrundeliegenden Wertung, den DFB so zu behandeln, wie bei einem normalen Arbeitsverhältnis mit nur zwei Beteiligten der Arbeitgeber behandelt würde.

Daß es bisher keine Tarifverträge in dem vom DFB geregelten arbeitsrechtlichen Bereich gibt, liegt hauptsächlich an der Weigerung des DFB, derartige Verhandlungen zu führen. Augenscheinlich war es bisher nicht möglich, durch Maßnahmen der Spieler oder der DAG als deren Interessenvertreter den DFB von dieser Haltung abzubringen. Der Spieler befindet sich in einer faktisch sehr starken Abhängigkeit, da er sich zum einen der vertraglichen Einengung gegenübersieht, zum anderen als oft ohne Berufsausbildung Dastehender den Zwang erkennt, innerhalb der kurzen Zeit der höchsten körperlichen Leistungsfähigkeit möglichst viel Geld zu verdienen, um einer einigermaßen gesicherten Zukunft nach Beendigung des ca. zehnjährigen Profitums entgegensehen zu können. Letzteres, das zwingende sehr frühe Ausscheiden aus dem Beruf des Hochleistungssports und die damit verbundenen finan-

---

[8] s. o. IV. 3. d) bb) (2).

[9] So im Ergebnis auch *Klatt* S. 42.

ziellen Zwänge, sind als eigentliche Gründe für das alles in allem widerspruchslose Sich-fügen der Spieler in die vom DFB aufgestellten Arbeitsbedingungen anzusehen[10].

2. Die Anwendbarkeit des Betriebsverfassungsgesetzes

Für die Anwendbarkeit des Betriebsverfassungsgesetzes sind im Bundesligafußball zwei Fälle zu unterscheiden: Die Mitwirkung der Spieler bei Vereins- und bei Verbandsmaßnahmen. Da eine Funktionsteilung auf der Arbeitgeberseite angenommen wurde, wäre es wünschenswert, wenn sich der Arbeitnehmerschutz der juristischen Person gegenüber auswirken würde, die die fragliche mitwirkungspflichtige Funktion ausübt. Setzt beispielsweise ein Verein intern bestimmte Sanktionen fest[11], so wäre es sinnvoll, den Spielervertretern des betroffenen Vereins hier im Rahmen des § 87 Abs. I Nr. 1 BetrVG auch vereinsintern ein Mitbestimmungsrecht einzuräumen; stellt der DFB einen Strafkatalog auf, so ist effektiver Spielerschutz nur auf dieser Ebene zu erreichen.

Das Betriebsverfassungsrecht kennt durchaus die Aufteilung der Mitwirkungsbefugnisse auf verschiedene Ebenen: im Betriebs-, Gesamt- und Konzernbetriebsrat. Dabei ist beispielsweise der Gesamtbetriebsrat gem. § 50 BetrVG zuständig für Angelegenheiten, die das Gesamtunternehmen oder mehrere Betriebe betreffen, also eine Regelung im größeren Rahmen erfordern. Diese Unterteilung von Betrieben und Unternehmen und die daraus sich ergebenden Folgen im Arbeitsrecht auf die Bundesliga zu übertragen, erscheint durchaus angebracht. Wesentlich für die Unterteilung eines Unternehmens in Betriebe ist nämlich, daß jeder Betrieb eine gewisse Selbständigkeit im Rahmen des Unternehmens hat und das Unternehmen einem Zweck dient, der die Zwecke der Betriebe bedingt[12]. Zweck des DFB ist die Förderung des deutschen Fußballsports in der Bundesliga, insbesondere des Spitzensports. Dazu ist unter sportlichen Gesichtspunkten ständig Training und Wettkampf erforderlich, deren Realisierung im einzelnen den Vereinen obliegt.

Eine weitere Erörterung scheint hier mangels bestehender Betriebsräte im Lizenzfußball[13] zu realitätsfern, doch sollte die Untersuchung

---

[10] Bezeichnenderweise ist es von den Spielern immer wieder nur der inzwischen als finanziell unabhängig anzusehende Paul Breitner, der Mißstände im deutschen Berufsfußball anprangert, vgl. DIE WELT vom 2. 10. 1979. Im niederländischen Fußball müssen daher jetzt Tarifverträge geschlossen werden.

[11] Viele Bundesligavereine haben interne Strafkataloge für Verwarnungen oder Hinausstellungen, ebenso bei Disziplinlosigkeiten gegenüber dem Trainer.

[12] *Dietz / Richardi* Anm. 58 zu § 1 BetrVG m. w. N.

[13] Einige Versuche aber wurden mit Betriebsräten gemacht, *Wiesner* S. 53;

auch die Diskussion in dieser Richtung anregen. Dem Einwand, daß bisher alles auch so geregelt worden wäre und die meist gewählten Spielführer[14] Mitspracherechte hätten, kann nicht gefolgt werden, da der Spielführer im Streitfall die Mitwirkungsrechte des Betriebsverfassungsgesetzes nicht beanspruchen kann. Allerdings wären wegen der Tendenzträgerschaft des DFB[15] und auch der Vereine die Rechte eines Betriebsrates verhältnismäßig gering. Keinesfalls hätte er beispielsweise bei der Mannschaftsaufstellung ein Mitspracherecht. Dennoch wäre die Bildung von Betriebsräten eine vieler möglicher Maßnahmen, die Arbeitsverhältnisse zum Schutz der Spieler an allgemeinem Recht zu messen. Damit würde die komplizierte vertragliche Dreiecksbeziehung in ihrem Arbeitsverhältnis und die sich daraus ergebenden Probleme auch in der juristischen Diskussion mehr Beachtung finden, was zur Klärung der rechtlichen Probleme beitragen könnte.

---

derzeit besteht nach Auskunft der DAG ein Betriebsrat nur beim TSV 1860 München.

[14] Zum Teil werden Spielführer auch von den Vereinen, sprich Trainern oder Vorständen, bestimmt.

[15] s. o. IV. 5.

IX. Anlage: Vertragsmuster Spieler / Verein

Vertrag

Zwischen dem Verein ....

vertreten durch ....

im folgenden „Verein" genannt,

und Herrn.., geb. am ....

in .... im folgenden „Spieler" genannt, wird

folgender VERTRAG geschlossen:

....

(gesetzlicher Vertreter bei Minderjährigen einfügen)

§ 1 Lizenzspieler

Der Verein stellt den Spieler nach den Bestimmungen des Vertrages als Lizenzspieler im Sinne des Lizenzspielerstatuts des Deutschen Fußball-Bundes (DFB) an.

Die Satzung und die Ordnungen des DFB sowie der Regional- und Landesverbände, die in ihren jeweiligen Fassungen die allgemein anerkannten Grundsätze des deutschen Fußballsports darstellen, sind auch auf Grund dieses Vertrages maßgebend für die gesamte fußballsportliche Betätigung. Der Spieler erkennt sie – insbesondere das DFB-Lizenzspielerstatut, die Spielordnung des DFB, die Rechts- und Verfahrensordnung des DFB, die Benutzungsvorschriften für die Lizenzligen sowie die Durchführungsbestimmungen für die Spiele der Lizenzligen – ausdrücklich als für ihn verbindlich an und unterwirft sich diesen Bestimmungen. Dies gilt auch für Entscheidungen der DFB-Organe und -Beauftragten bzw. der Organe und Beauftragten des Regionalverbandes gegenüber dem Spieler, insbesondere auch, soweit Vereinssanktionen gem. § 43 der DFB-Satzung verhängt werden. Der Spieler unterwirft sich außerdem der Satzung seines Vereins in der jeweiligen Fassung und insbesondere der Vereinsstrafgewalt seines Vereins.

§ 2 Pflichten des Spielers

Der Spieler verpflichtet sich, seine ganze Kraft und seine sportliche Leistungsfähigkeit uneingeschränkt für den Verein einzusetzen, alles zu tun, um seine Leistungsfähigkeit zu erhalten und nach Möglichkeit zu steigern und alles zu unterlassen, was seiner sportlichen Leistungsfähigkeit im allgemeinen und im besonderen vor und bei Veranstaltungen des Vereins abträglich sein könnte. Gemäß diesen Grundsätzen ist der Spieler insbesondere verpflichtet

a) an allen Vereinsspielen und -Lehrgängen sowie Spielen und Lehrgängen des DFB und des Regional- und Landesverbandes teilzunehmen;

b) an dem Training, sowohl an dem allgemein vorgesehenen als auch an besonders angeordneten Trainingsveranstaltungen und -lagern teilzunehmen;

c) an allen Spielerbesprechungen und sonstigen der Spiel- und Wettkampfvorbereitung dienenden Veranstaltungen teilzunehmen;

d) an Behandlungen durch die vom Verein bestimmten Personen zur Aufrechterhaltung und Verbesserung der Kondition des Spielers, wie beispielsweise Massagen, Aufbautraining, sportärztlichen Untersuchungen, Impfungen, Heilverfahren und Vorsorgebehandlungen usw. mitzuwirken bzw. teilzunehmen;

e) an Darstellungen des Vereins oder der Spieler zum Zwecke der Öffentlichkeitsarbeit für den Verein, insbesondere in Funk, Presse und Fernsehen unentgeltlich teilzunehmen bzw. mitzuwirken;

f) an Reisen im In- und Ausland, für die der Verein auch das zu benutzende Verkehrsmittel bestimmt, sich zu beteiligen.

Die Ausschöpfung anderer Verdienstmöglichkeiten ist dem Spieler nur nach vorheriger Zustimmung des Vereins gestattet. Die Zustimmung kann jederzeit widerrufen werden, wenn sie nach Ansicht des Vereins die Erfüllung der dem Spieler obliegenden Pflichten gefährdet.

Der Spieler hat sich in der Öffentlichkeit und tunlichst auch in seinem Privatleben so zu verhalten, daß weder sein eigenes Ansehen, noch das des Vereins oder des Fußballsports beeinträchtigt wird. Äußerungen in der Öffentlichkeit, insbesondere Interviews für Presse, Funk und Fernsehen, bedürfen der vorherigen Zustimmung des Vereins. Äußerungen gegenüber außenstehenden Personen über innere Vereinsangelegenheiten, über den Spiel- und Trainingsbetrieb insbesondere, sind zu unterlassen.

Die Sportkleidung wird vom Verein gestellt. Werbungen des Spielers an oder auf der Sportkleidung für Firmen, Einrichtungen, Erzeugnisse oder Leistungen sowie jede Werbung für Konkurrenzerzeugnisse der vom Verein bereitgestellten Sportkleidung ist unzulässig. Der Spieler darf keine nach dem Lizenzspielerstatut des DFB unzulässigen Leistungen fordern oder annehmen oder zu ihrer Bewirkung mitwirken.

§ 3 Vergütungen des Spielers

Der Spieler erhält

1. ein monatliches Grundgehalt von DM ....
2. Spielprämie
3. leistungsabhängige Jahresprämie (Tantieme)

3.1. Gesamtbetrag DM ....

3.2. Leistungs- und Zahlungsbedingungen:

bis 10 Pflichtspiele = 30 %
bis 15 Pflichtspiele = 40 %
bis 20 Pflichtspiele = 50 %
bis 30 Pflichtspiele = 75 %
ab 31 Pflichtspiele = 100 %

Die Bezüge des Spielers sind Bruttobezüge. Für die Abführung von Steuern und Soziallasten gelten die gesetzlichen Bestimmungen. Pflichtspiele sind Meisterschafts- und Pokalspiele, die vom DFB angesetzt werden sowie offizielle Wettbewerbsspiele der UEFA.

Verein und Spieler vereinbaren den gemeinsamen Abschluß einer Sportunfall-Versicherung zu den in § 21, Nr. 3 Lizenzspielerstatut festgelegten Bedingungen.

§ 4 Einsatz und Tätigkeit

Einsatz und Tätigkeit des Spielers werden nach Art und Umfang vom Verein durch Anordnungen bestimmt. Der Verein bestimmt die Personen, die die Anordnungen erlassen.

Der Spieler hat den Weisungen aller vom Verein dazu eingesetzten Personen – insbesondere des Trainers – vor allem auch hinsichtlich seiner Teilnahme am Training, Spielvorbereitungen, Behandlungen sowie aller sonstigen Vereinsveranstaltungen zuverlässig und genau Folge zu leisten.

Bei Verstößen gegen Anordnungen sowie auch bei Verstößen gegen Vertragspflichten ist der Verein unbeschadet seines Rechts zur Kündigung des Vertrages aus wichtigem Grund berechtigt, Vertragsstrafen gemäß § 315 BGB gegen den Spieler festzusetzen. Als Vertragsstrafe werden vorgesehen Verweis, Ausschluß von Vereinsveranstaltungen sowie Geldbußen bis zur Höhe von DM..
Schadenersatzansprüche wegen schuldhafter Vertragsverletzung durch den Spieler sind dadurch nicht ausgeschlossen.

Bleibt der Spieler länger als eine Woche oder für mehr als ein Spiel den für ihn angesetzten Veranstaltungen und Maßnahmen des Vereins schuldhaft fern oder gibt er dem Verein schuldhaft Veranlassung zur Kündigung des Vertrages aus wichtigem Grund, so wird eine Vertragsstrafe in Höhe von DM 100 000,– fällig.

§ 5 Urlaub

Der Spieler hat Anspruch auf einen Jahresurlaub von .... Werktagen im Sinne des Bundesurlaubsgesetzes. Der Urlaub ist in der Spielpause zu nehmen und zum Zwecke der Erholung zu nutzen. Der Zeitpunkt des Urlaubs ist mit dem Verein abzustimmen. Der Verein ist berechtigt, auch einen außerhalb der Spielpause liegenden Zeitpunkt festzusetzen. Während der vertraglich vereinbarten Urlaubszeit gelten bezüglich der Vergütungen des Spielers die Bestimmungen des Bundesurlaubsgesetzes (§ 25, Nr. 3 Lizenzspielerstatut).

§ 6 Krankheit

Verletzt sich der Spieler oder erkrankt er anderweitig, so hat er Anspruch auf Fortzahlung seiner Vergütungen nach den gesetzlichen Bestimmungen. Nach Ablauf der gesetzlich vorgeschriebenen Frist entfallen für die Dauer der Erkrankung die Ansprüche auf die vereinbarten Vergütungen.

Der Spieler versichert sich auf seine Kosten gegen Krankheit. Er hat dies auf Verlangen dem Verein nachzuweisen.

Der Spieler hat jeden Fall der Erkrankung unverzüglich dem Verein mitzuteilen und auf Verlangen binnen drei Tagen ein ärztliches Attest vorzulegen.

§ 7 Vertragsbeginn und Ende

Dieser Vertrag wird am .... wirksam. Bedingung für die Wirksamkeit ist, daß dem Spieler bis zu diesem Zeitpunkt die DFB-Lizenz als Lizenzspieler und die Spielerlaubnis bei dem Verein und sofern er nicht Deutscher ist, die erforderlichen Arbeits- und Aufenthaltserlaubnisse erteilt worden sind. Der Spieler versichert hiermit, die DFB-Lizenz – zu besitzen – beantragt zu haben.

Der Vertrag endet am .... Er verlängert sich jeweils um ...., wenn er nicht von einer der Parteien spätestens bis zu dem der Vertragsbeendigung vorausgehenden 30. April durch eingeschriebenen Brief gekündigt wird.

Oder: (Nichtzutreffendes streichen) Der Vertrag endet am .... Der Spieler verpflichtet sich, den Vertrag unter den seitherigen Bedingungen um .... Jahr(e) fortzusetzen, falls der Verein es wünscht. Der Verein verpflichtet sich, den Spieler für weitere .... Jahr(e) zu den seitherigen Bedingungen unter Vertrag zu halten, falls der Spieler es wünscht. Verein und Spieler müssen bis zu dem der Vertragsbeendigung vorausgehenden 30. April erklärt haben, ob sie von dieser Möglichkeit Gebrauch machen wollen. Unterbleibt die Erklärung, so endet der Vertrag am........................

Der Vertrag endet vorzeitig, wenn

a) der Verein die Lizenz als Lizenz-Verein durch Erlöschen, Entzug oder Zurückgabe verliert;

b) die DFB-Lizenz des Spielers erlischt;

c) eine Partei das Vertragsverhältnis aus wichtigem Grund kündigt (§ 626 BGB).

Für Vereinswechsel und Ablöse des Spielers gelten die Bestimmungen der DFB-Satzung, der DFB-Ordnungen – insbesondere des DFB-Lizenzspieler-Statuts – in der jeweils geltenden Fassung. Falls der Spieler mit der Ablöseforderung des Vereins nicht einverstanden ist, kann er die Festsetzung der Ablösesumme durch einen Schiedsgutachter beantragen. Dieser nimmt die Bestimmung der Ablösesumme für die Beteiligten verbindlich vor.

Der Spieler und der Verein können sich auf ein Mitglied des Liga-Ausschusses einigen. Einigen sich die Beteiligten auf kein Mitglied des Liga-Ausschusses, dann können sie sich auf ein Mitglied des Kontrollausschusses einigen. Kommt eine Einigung innerhalb von 20 Tagen nicht zustande, so wird der Schiedsgutachter auf Antrag der Beteiligten vom Vorstand des DFB bestimmt. Der Schiedsgutachter trifft seine Entscheidung nach persönlicher gleichzeitiger Anhörung des antragstellenden Spielers oder eines von ihm bevollmächtigten Vertreters und eines Vertreters des abgebenden Vereins nach billigem Ermessen. Seine Entscheidung ist unanfechtbar (§ 30, Nr. 4 Lizenzspielerstatut).

§ 8 Schlußbestimmungen

Die Unwirksamkeit einzelner Vertragsbestimmungen hat auf die Wirksamkeit des Vertrages keinen Einfluß. Der Verein ist berechtigt, unklare Vertragsbestimmungen gemäß § 315 BGB verbindlich auszulegen und Lücken des Vertrages gemäß § 315 BGB zu ergänzen, und zwar auch dann, wenn die Lücke in Folge Nichtigkeit einer Vertragsbestimmung entsteht. Dies gilt insbesondere auch dann, wenn durch die Mitbestimmungsbefugnisse eventueller Betriebsvertretungen eine Neufassung der Bestimmungen in diesem Vertrag über Betriebsordnung und Verhalten, Arbeitszeit, Urlaubsplan usw. erforderlich wird.

Änderungen, Ergänzungen oder Aufhebungen dieses Vertrages werden erst mit ihrer schriftlichen Festlegung wirksam. Mündliche Nebenabreden haben keine Gültigkeit.

Erfüllungsort und ausschließlicher Gerichtsstand für alle mit dem Vertrag zusammenhängenden Ansprüche ist für beide Teile der Sitz des Vereins.

....

Ort und Datum

....

Spieler Verein

....

Bei Minderjährigen Unterschrift des Vaters oder des gesetzlichen Vertreters

....

Bei Minderjährigen Unterschrift der Mutter

Literaturverzeichnis

Amtrup, Willers: Probleme des finanzierten Ehemaklervertrages, NJW 1971 S. 84

Baumann, Wolfgang: Die Vereinsstrafgewalt des DFB über die Bundesligavereine, Lizenzspieler und Fußballehrer, Dissertation Bonn 1971

Baumbach, Adolf / *Duden*, Konrad: Handelsgesetzbuch, 23. Aufl., München 1978

Börner, Lothar: Berufssportler als Arbeitnehmer, Darmstadt 1967

Brockhaus: Der Sportbrockhaus, 3. Aufl., Wiesbaden 1977

Bruder, Rolf: Keine Vereinsstrafgewalt des Deutschen Fußballbundes über Lizenzspieler (Bundesligaspieler)?, MDR 1973 S. 897

Buchner, Herbert: Die Rechtsstellung der Lizenzspieler — Arbeitsrechtliche Normen als Grenze verbandsautonomer Entscheidungen, NJW 1976 S. 2242

Bücker-Flürenbrock, Knut: Wirtschaftliche Betätigung unter der Rechtsform des eingetragenen Vereins, Dissertation Münster 1963

Crisolli, Karl / *Ostler*, Fritz: Abzahlungsgesetz, 5. Aufl., Berlin 1958

Dietz, Rolf / *Richardi*, Reinhard: Betriebsverfassungsgesetz mit Wahlordnungen — Kommentar, 5. Aufl., München 1973

Doris, Phillipos: Die rechtsgeschäftliche Ermächtigung bei Vornahme von Verfügungs-, Verpflichtungs- und Erwerbsgeschäften, Dissertation München

Emmerich, Volker: Der finanzierte Abzahlungskauf, JuS 1971 S. 273

Ernst, Rolf: Die Ausübung der Vereinsgewalt — Dargestellt an den Befugnissen des Deutschen Fußball-Bundes, Dissertation Köln 1969

Esser, Josef / *Weyers*, Hans-Leo: Schuldrecht, Besonderer Teil, Teilband 1, 5. Aufl., Karlsruhe 1977

Etzel, Gerhard: Die Rechtsprechung zum Betriebsverfassungsgesetz 1972, Darmstadt 1974

Fabricius, Fritz / *Kraft*, Alfons / *Thiele*, Wolfgang / *Wiese*, Günther: Betriebsverfassungsgesetz — Gemeinschaftskommentar, Neuwied

Falkenberg, Rolf-Dieter: Zulässigkeit und Grenzen auflösender Bedingungen in Arbeitsverträgen, DB 1979 S. 590

Fenn, Herbert: Arbeitsverhältnisse und sonstige Beschäftigungsverhältnisse — Eine Skizze zur Freiheit der Rechtsformwahl und zum Rechtsformzwang im Arbeitsrecht, Festschr. für Bosch S. 171

Finger, Peter: Nochmals: Der finanzierte Ehemaklervertrag, JZ 1979 S. 583

Fitting, Karl / *Auffarth*, Fritz / *Kaiser*, Heinrich: Betriebsverfassungsgesetz — Handkommentar, 10. und 12. Aufl., München 1972 und 1977

Flume, Werner: Die Vereinsstrafe, Festschr. für Bötticher S. 101

— Allgemeiner Teil des Bürgerlichen Rechts, Band II — Das Rechtsgeschäft, 3. Aufl., Berlin 1979

Frey, Erich: Der Tendenzschutz im Betriebsverfassungsgesetz 1972, AuR 1972 S. 161

Galperin, Hans / *Löwisch*, Manfred: Kommentar zum Betriebsverfassungsgesetz, 5. Aufl., Heidelberg 1976

Gamillscheg, Franz: Gedanken zur Neuregelung der Wettbewerbsvereinbarungen, RdA 1975 S. 13

Gernhuber, Joachim: Austausch und Kredit im rechtsgeschäftlichen Verbund — Zur Lehre von den Vertragsbedingungen, Festschr. für Larenz, München 1973, S. 455

Gilles, Peter: Zur aktuellen Zivilrechtsproblematik gewerbsmäßiger Ehevermittlung, JZ 1972 S. 377

Graf, Fritz: Das Vertragsspielerstatut, Dissertation Mainz 1954

Harbeck, Wolfdieter: Materielle Grundlagen der betrieblichen Strafbefugnis, AuR 1971 S. 173

Heckelmann, Dieter: Der Idealverein als Unternehmer, AcP 179 (1979) S. 1

Herchen, Uwe-Bernd: Anmerkungen und Fragen zu einer Tagung in Fulda: Fairneß — Gewinn für alle oder Gefahr für den Erfolg?, FAZ Nr. 243/1979 (18. 10.) S. 23

Hesse, Konrad: Grundzüge des Verfassungsrechts der Bundesrepublik Deutschland, 11. Aufl., Karlsruhe 1978

Höbold, Lutz: Die Umgehung des § 656 BGB beim Abschluß von Ehemaklerverträgen und die Rechtswirksamkeit der mit Ehemaklerverträgen gekoppelten Darlehensverträge, NJW 1970 S. 1869

Hörrmann, Martin: Zu den Problemen des Bundesligafußballs in Berufssport am Beispiel Fußball, Herausgeber Konrad Paschen, Ahrensburg 1976

Horschitz, Harald: Vereinsstrafe — Betriebsstrafe — Vertragsstrafe, Dissertation Heidelberg 1970

— Atypische Vertragsstrafen, NJW 1973 S. 1958

Hueck, Alfred / *Nipperdey*, Hans-Carl: Lehrbuch des Arbeitsrechts, 7. Auflage, Berlin 1963

Hueck, Götz: Einige Gedanken zum Begriff des Arbeitnehmers, RdA 1969 S. 216

Kammann, Karl-Udo / *Hess*, Harald / *Schlochauer*, Ursula: Kommentar zum Betriebsverfassungsgesetz, Darmstadt 1979

Kammann, Karl-Udo: Zulässigkeit von Betriebsbußen, DB 1969 S. 2132

Kauffmann: Grenzfragen der Anwendung des neuen Bundeskündigungsschutzgesetzes, DB 1959 S. 1012

Kindereit, Lothar: Probleme der Leiharbeitsverhältnisse, AuR 1971 S. 327

Klatt, Helmut: Die arbeitsrechtliche Stellung des Berufsfußballspielers, Dissertation Bielefeld 1976

Knauth, Klaus-Wilhelm: Die Rechtsformverfehlung bei eingetragenen Vereinen mit wirtschaftlichem Geschäftsbetrieb — dargestellt am Beispiel der Bundesliga-Fußballvereine, Dissertation Köln 1976

Krohn, Peter: Zu Problemen des Bundesligafußballs in Berufssport am Beispiel Fußball, Herausgeber Konrad Paschen, Ahrensburg 1976

Larenz, Karl: Das Zurückbehaltungsrecht im dreiseitigen Rechtsverhältnis, Festschr. für Michaelis S. 193

— Allgemeiner Teil des deutschen Bürgerlichen Rechts, 3. Aufl., München 1975

— Lehrbuch des Schuldrechts — allgemeiner Teil, 12. Aufl., München 1979

— Methodenlehre der Rechtswissenschaft, 4. Aufl., München 1979

Lattek, Udo: Zu Problemen des Bundesligafußballs in Berufssport am Beispiel Fußball, Herausgeber Konrad Paschen, Ahrensburg 1976

Lieb, Manfred: Arbeitsrecht, Karlsruhe 1975

— Die Schutzbedürftigkeit arbeitnehmerähnlicher Personen — Überlegungen zur individual- und kollektivrechtlichen Stellung der sogenannten freien Mitarbeiter aus Anlaß des geplanten § 15a TVGE, RdA 1974 S. 257

— Rechtsformzwang und Rechtsformverfehlung im Arbeitsrecht, RdA 1975 S. 49

Lukes, Rudolf: Erstreckung der Vereinsgewalt auf Nichtmitglieder durch Rechtsgeschäft, Festschr. für H. Westermann, 1974, S. 325

Märkle, Rudi: Der Verein im Zivil- und Steuerrecht, 3. Aufl., Stuttgart 1978

Maunz, Theodor / *Dürig*, Günter / *Herzog*, Roman / *Scholz*, Rupert: Grundgesetz, Kommentar, München

Maunz, Theodor: Deutsches Staatsrecht, 22. Aufl., München 1978

Mayer-Maly, Theo: Grundsätzliches und Aktuelles zum Tendenzbetrieb, BB 1973 S. 761

— Das neue Betriebsverfassungsrecht der Presse, AfP 1972 S. 194

— Tendenzbetriebe und Religionsgemeinschaften nach dem künftigen Betriebsverfassungsgesetz, DB 1971 S. 2259

— Das Leiharbeitsverhältnis, ZfA 1972 S. 1

Möllers, Elmar: Der Bundesgerichtshof zur Teilzahlungsfinanzierung, NJW 1967 S. 1782

v. Münch, Ingo: Grundgesetzkommentar, München 1975

Mugdan, Benno: Die gesamten Materialien zum Bürgerlichen Gesetzbuch für das deutsche Reich, Neudruck der Ausgabe Berlin 1899, Aalen 1979

Neumann, Dirk: Die Rechtsgrundlage von Betriebsstrafenordnungen, RdA 1969 S. 250

Nikisch, Arthur: Arbeitsrecht, Band I — Allgemeine Lehren und Arbeitsvertragsrecht, 3. Aufl., Tübingen 1961

Palandt, Otto: Bürgerliches Gesetzbuch, 39. Aufl., München 1980

Petermann, Alfred: Sortlexikon, Köln 1969

Preis, Bernd: Die Sportgerichtsbarkeit des Deutschen Fußballbundes (DFB) und die Bestechungsfälle in der Bundesliga, DB 1971 S. 1570

— Der Lizenzspieler im Bundesligafußball, Schriften zum Arbeitsrecht, Band 4, Frankfurt/M. 1973

Quast, Edelgard: Sport in der Volkshochschule — Ein Beitrag zur Weiterbildung?, Hochschulsport Nr. 7/8/1979 S. 19

Ramm, Thilo: Die Aufspaltung der Arbeitgeberfunktionen, ZfA 1973 S. 263

Rauball, Reinhard: Bundesligaskandal, aktuelle Dokumente, Herausgeber Ingo v. Münch, Berlin 1972

Reiß, Günter: Die Strafgewalt der Vereine, Dissertation Köln 1968

Rösch, Heinz-Egon: Ist das noch Sport? — Kritische Anmerkungen zum Sport und zu den Olympischen Spielen, Freiburg i. B. 1972

Rückert, Otto: Die Rechtsgrundlagen der Sportgerichtsbarkeit des Deutschen Fußball-Bundes, Sport und Recht, Berlin 1972 S. 175

Samstag, Peter: Der Spielerwechsel im bezahlten Fußball, Dissertation Gießen 1970

Schlegelberger: Handelsgesetzbuch, Kommentar von Ernst Geßler / Wolfgang Hefermehl / Wolfgang Hildebrandt / Georg Schröder, 5. Aufl., München 1973

Schlosser, Peter: Vereins- und Verbandsgerichtsbarkeit, Das wissenschaftliche Taschenbuch, Abteilung Rechts- und Staatswissenschaften, Band 27, München 1972

Schmidt, Karl-Heinrich: Der vertraglich geregelte Fußballsport, RdA 1972 S. 84

Schmidt-Bleibtreu, Bruno / *Klein*, Franz: Kommentar zum Grundgesetz für die Bundesrepublik Deutschland, 4. Aufl., Neuwied 1977

Schmidt-Salzer, Joachim: Die Finanzierung von Ehemäklerverträgen, JR 1972 S. 51

Schmude, Jürgen: Verbraucherschutz und Vertragsfreiheit, Festschr. für Ballerstedt, Berlin 1975, S. 481

Schneider, Klaus: Arbeitnehmereigenschaft der Sportler, Dissertation Köln 1967

Schwerdtner, Peter: Arbeitsrecht I — Individualarbeitsrecht, München 1976

Seehase, Gerhard: Spielerhandel ohne Ladenschluß, Die Zeit Nr. 42/1978 S. 66

Seiter, Hugo: Die Entwicklung der Rechtsprechung im Jahr 1969, ZfA 1970 S. 355

Söllner, Alfred: Arbeitsrecht, 6. Aufl., Berlin 1978

Sonnenschein, Jürgen: Der Vertrag mit Schutzwirkung für Dritte — und immer neue Fragen, JA 1979 S. 225

Stauder, Bernd: Das Widerrufsrecht des Käufers beim finanzierten Abzahlungsgeschäft, Festschr. für Bosch S. 983

Staudinger, Kommentar zum Bürgerlichen Gesetzbuch mit Einführungsgesetz und Nebengesetzen, Berlin

Stern, Klaus: Grundrechte der Sportler, Sport und Recht, Berlin 1972, S. 142

Straub, Wilfried: Zu Problemen des Bundesligafußballs in Berufssport am Beispiel Fußball, Herausgeber Konrad Paschen, Ahrensburg 1976

Stücheli, Hans-Peter: Zivilrechtliche und strafrechtliche Aspekte des Spielertransfers im bezahlten Fußballsport — Eine Untersuchung über die Rechtsverhältnisse in der National-Liga des Schweizerischen Fußballverbandes (SFV), Dissertation Bern 1975

Thiele, Wolfgang: Die Zustimmung in der Lehre vom Rechtsgeschäft, Habilitationsschrift Hamburg 1966

Thomas, Wilhelm: Die Finanzierung von Ehemäklerverträgen, NJW 1970 S. 741

Vollkommer, Max: Der Schutz des Käufers beim B-Geschäft des „finanzierten Abzahlungskaufs", Festschr. für Larenz, München 1973, S. 703

Weiland, Bernd: Keine Lizenzen für bilanzschwache Fußballvereine?, NJW 1978 S. 737

Weisemann, Ulrich: Sport und Arbeitsrecht, DB 1979 S. 259

Weitnauer, Hermann: Entscheidungen zum Abzahlungsrecht, JZ 1968 S. 201

Westermann, Harm-Peter: Verbandsstrafgewalt und das allgemeine Recht, Bielefeld 1972

— Zur Legitimität der Verbandsgerichtsbarkeit, JZ 1972 S. 539

Wiesner, Gerhard: Zu Problemen des Bundesligafußballs in Berufssport am Beispiel Fußball, Herausgeber Konrad Paschen, Ahrensburg 1976

Zeuner, Albrecht: Überlegungen zum Begriff des Arbeitnehmers und zum Anwendungsbereich arbeitsrechtlicher Regeln, RdA 1975 S. 84

Zöllner, Wolfgang: Die Einwirkung der erweiterten Mitbestimmung auf das Arbeitsrecht, RdA 1969 S. 65

— Arbeitsrecht, 2. Aufl., München 1980

FSC
www.fsc.org
MIX
Papier | Fördert
gute Waldnutzung
FSC® C083411

Kolibri 360 GmbH
Ferdinand-Jühlke-Straße 7
99095 Erfurt, Deutschland
produktsicherheit@kolibri360.de

Druck:
CPI Druckdienstleistungen GmbH
im Auftrag der
Kolibri 360 GmbH
Ferdinand-Jühlke-Str. 7
99095 Erfurt